JN290226

図書館の現場 7

公共図書館の論点整理

田村俊作
小川俊彦
［編］

keiso shobo

はしがき

本書を世に出すそもそものきっかけとなったのは、バーナ・L・パンジトア『公共図書館の運営原理』（根本彰・小田光宏・堀川照代訳、勁草書房、一九九三年）という本である。あまり話題にもならなかった本だが、私は大変おもしろく読んだ。原著（Verna L. Pungitore. *Public Librarianship: an Issue-Oriented Approach.* Greenwood, 1989）のサブタイトルが示すように、この本は米国公共図書館界で、公共図書館の運営やサービスに関連して課題（issue）となってきたことを取りあげて、対立する主張やさまざまな議論を整理し、論点を明らかにすることを狙いとしている。

これを読んですぐに私の念頭に浮かんだのは、同じような論点整理がわが国の公共図書館についてもできるだろうし、意味もあるのではないか、ということであった。米国ほどではないかもしれないが、わが国においても公共図書館サービスは十分な展開を見せ、さまざまな問題がときには激しく論じられてきた。それらを整理して論点をまとめることによって、わが国の公共図書館についてどのような考え方があり、それらが交錯する中で、公共図書館の諸課題に対してどのような議論が展開され、現実の図書館の動きとつながってゆくのかが明らかになるだろう。それによって、公共図書館をめぐる言論の状況の一端を理解し、今後のあり方を考える際の参考にすることができるかもしれない。

このようなことを小川俊彦氏と話し合い、どのようなトピックを収録するか、二人で本の構成について企画を練った。最初は執筆も二人だけで行なう予定だったが、程なくしてこれだけの範囲の論点を二人でカバーすることはとうてい無理であることが明らかになった。そこで、他の方々に声をかけて、執筆者として加わっていただくことにした。全員図書館に関わり、また調査のベテランである。取り上げる予定のトピックは当初はもっと多かったのだが、検討を進めていくうちに、うまく論点整理ができないトピックが出てきたり、時間的な余裕などもあり、最終的に現在の構成に落ち着いた。

執筆に際しては、次の三点に留意するようにお願いした。（1）文献により当該トピックに関する議論の経過を辿り、まとめること、（2）当該トピックが公共図書館の課題となるに至った背景をまとめること、（3）（1）と（2）をもとに、当該トピックに関わる論点を整理すること。一つ一つのトピックについて、文献によって経過と背景を探り、論点を整理することが狙いであった。また、重要な論考はなるべく本文中で言及するようにお願いしたが、引用した文献のほかに、各トピックを論ずる際には欠かせない文献があれば、それも参考文献としてあげるようにお願いした。

寄せられた原稿のスタイルは多様で、論点整理を主とするもの、議論の経過を辿りつつ自分なりの議論を展開するもの、両者を兼ね備えたもの、が混在することになってしまった。しかし、独自の見解を提示している論考の中にも主要な論点と文献は提示されており、またわが国の公共図書館のあり方について重要な指摘を含んでいると考えたので、最小限の編集にとどめて、内容については読者の判断を仰ぐことにした。結果として、内容も執筆者の立場も多様であることをお断りしておきたい。本書は全体で公共図書館に対する単一の立場を主張するようなものではない。また、表明されている見解は著者個人の見解であり、所属する組織といささかの関係もないことは言う迄もない。

高度成長に合わせて社会資本を充実させていた時代は過ぎ去り、今日のわが国では公共支出を抑えることを前提にして公共施設のあり方を考えなければならない。他方、そのような事情は承知しつつも、公共図書館をはじめとする文化施設・文化資源の関係者の中には、住民のニーズや欧米の水準などと引き比べてまだまだ立ちおくれているのに、近年の動向はさらに水準を下げる方向に向かっているという認識を持っている人が多い。この相反する二つの力のせめぎ合いの間で、公共図書館をめぐるさまざまな課題が起こってさている。公共図書館が地方公共団体の所管であることもあり、国の政策的な関与は弱い。だとすると、現場の実践も政策形成も重要だろうが、実践や運動や政策関与といったことから一歩身を引いて言説のレベルで課題と論点を整理し、優れた実践、適切な政策形成の役に立つような材料を提供することが必要なのではあるまいか。本書の狙いはそこにある。個々の議論に賛成であれ反対であれ、本書を通じて公共図書館が抱える課題のいくつかについて、関連する意見や考え方を理解し、今後の方向を考える一助としていただければ幸いである。

なお、全体に「公共図書館」という語を用いているが、第三章については、図書館法の第一七条「公立図書館は、入館料その他図書館資料の利用に対するいかなる対価をも徴収してはならない。」をもっぱら議論の対象としているため、「公立図書館」の語に統一した。他の章でも、特に「公立」であることが問題となる場合には、「公立図書館」の語を用いている。
巻末の参考文献には、本文で言及したもののほかに主要な関連文献も記載している。全体を通じて繰り返し言及される文献がかなりの数あったため、全部の章の文献を一つにまとめた。章別に排列するのに比べて見にくいかもしれないが、ご面倒でも通覧してくださるようお願いしたい。

本書の出版を思い立ってから今日に至るまでに、思いのほか時間が経ってしまった。執筆者から原稿を受け取ってからでも、編集作業に手間どった。そのために、トピックも論点も文献も現在から見るとやや古くなっている部分がある点については、読者のご寛恕を請いたい。
本書を編集する際、須賀千絵氏（慶應義塾大学非常勤）には、原稿のチェック、参考文献リストの編集、索引の作成と、すっかりお世話になった。須賀氏のご協力がなければ、本書の刊行はもっとずっと遅れただろうし、あるいはついに出版されなかったかもしれない。いつもながら深くお礼を申し上げたい。また、勁草書房編集部で本書を担当してくださった町田民世子氏と藤尾やしお氏には、本書の企画から出版まで終始お世話になり、ご面倒をおかけした。編者の怠慢から町田氏のご在職中に出版できなかっただけでなく、藤尾氏にもご迷惑をおかけすることになったことについて、お詫び方々、深い感謝の気持ちを捧げたい。

二〇〇七年一〇月三〇日

田村　俊作

第五章 公共図書館の委託 ……………… 小川 俊彦 126

第一章　「無料貸本屋」論

安井　一徳

はじめに

「図書館は無料貸本屋か」という問題提起とそれを受けての議論が、近年活発に交わされている。なかでも応酬が激しかったのは、二〇〇〇年から二〇〇三年にかけてであった。それ以降、「無料貸本屋」という言葉自体は問題の前線からやや外れたように見える。代わって焦点となったのは、「公貸権」や「民間委託」といった個々の論点である（委託については本書第五章を参照）。確かに「無料貸本屋」という用語には先入観や偏見が織り込まれている面があり、意味内容もはっきりしない部分があるので、冷静な議論を進めるうえではあまり有効でない。ただし、各論から一歩引いた「公共図書館のあり方」とか「社会における図書館の位置づけ」といった「そもそも」の論点を前景化し、図書館業界外をも巻き込んだ議論を起こしたという点では、耳目を集めやすい（集めすぎたという評もあろうが）このネーミングにもそれなりの効果があったことを認めざるをえないのではないか。

そこで本章では、あえて「無料貸本屋」論についてのこれまでの議論を概観してみたい。第一節では論争を経年的にレビューし、第二節では論点の抽出と整理を試みる。そして第三節でまとめ、と進みたいところなのだが、実際には論争があまりかみ合っていない面もあり、筆者の力量ではうまくまとめられなかった。そこでそのまとまらなさの原因を検討することにする。「無料貸本屋」をめぐる一連の議論が沈静化（あるいは潜在化）した現在の時点で整理を行なうことは、「時宜を逸している」「問題の蒸し返しだ」といった批判を招くかもしれない。しかしながら一応の論点は出つくした感があり、現在の問題群の底流にもこれらの議論が伏在していることを考えれば、現時点での整理にも十分な意味があるだろう。なお、本稿における意見的記述はすべて筆者の個人的見解である。また人名に付記した肩書、役職名などは原則として当時のものである。

1　「無料貸本屋」論の経過

近年のいわゆる「無料貸本屋」論の直接的なきっかけは、『文藝春秋』二〇〇〇年一二月号に掲載された、林望の「図書館は『無料貸本屋』か」という文章である（林望［2000b］）。ただし、それ以前にも同様の議論は繰り返し行なわれており、その際に「無料貸本屋」という言葉もたびたび用いられてきた。そこで本節前半では、林以前に「無料貸本屋」という言葉が前面に出てきた議論を時系列的に紹介していく。そして後半では、林の文章が公にされてから現在に至るまでの主な動向を追う。煩雑さを避けるため、以下では「『無料貸本屋』論」を適宜「『無』論」と略す。

1・1　「図書館は『無料貸本屋』か」以前

『市民の図書館』　一九七〇年の『市民の図書館』の中に、すでに「無料貸本屋」という言葉と、「無」論に対する批判が出てくる（日本図書館協会［1970］）。同書では図書館サービスの中核の一つとして「貸出し」を前面に掲げており、それに否定的な立場を指して「無」論と称したのだと考えられる。同書の実質的著者である前川恒雄（前川［1988：168］）は、貸出サービス推進へと舵を切った一九六五年ごろから批判があり、「それは現実を知らない図書館学者からのもので、『無料貸本屋』という侮辱であった」（前川・石井［2006：46］）と述懐している。また当時の文献レビュー（塩見［1976］）からは、例えば平野勝重が資料提供機能の重視に対して異議を唱えていたことがわかる（平野［1969a］［1969b］）。しかし、「無」論者として具体的に誰が想定されているのかについては、『市民の図書館』の中で明言されていない。

「無」論に対する『市民の図書館』の反論は、その後も折に触れて言及、参照されていくことになる。その概略は以下のようなものである(1)。

・貸出サービス自体は高級でも低級でもない（どんな本を貸すかによって規定される）。
・貸本屋は経済的利益からしか図書選択ができないが、図書館は「質の高い蔵書」の構築によって要求の充足・形成ができる。

・図書館には利用者を助け、読書案内もできる司書がいる。
・図書館の無料原則は、市民の自治と公共機関、市民の知的自由の保障、市民の知る権利などといった公的次元と深く結びついている。

昼間守仁　「無料貸本屋」という言葉が次に大きく取り上げられたのは、一九八六年ごろである。その端緒となったのが、当時公共図書館員であった昼間守仁による一連の論文であった（昼間［1986a］［1986b］［1988］など）。現状の公共図書館は貸出冊数という指標に偏重するあまり、蔵書の質を無視し新刊ばかりを揃えた「無料貸本屋」になっていると昼間は指摘する。そして専門性の認められない貸出業務を公共図書館で行なう必要はなく、行政資料の提供など他のサービスを充実させるべきという論を展開した。昼間の主張に対しては、『市民の図書館』の理念や利用者の要求といった点から伊藤昭治や松尾昇治などが反論し、貸出サービスやベストセラー購入の意義を訴えた（伊藤昭治［1987］前田章夫［1992］松尾［1992］）。一方薬袋秀樹は昼間の議論の粗さを指摘しつつも、現状批判や問題意識自体については一定の肯定的評価を示す論考を発表した（薬袋［1992］）。

津野海太郎　一九九八年、『本とコンピュータ』総合編集長の津野海太郎は、『図書館雑誌』に「市民図書館という理想のゆくえ」と題した論考を発表した（津野［1998］）。その中で、公共図書館が「貸し出し至上主義」を採用した結果、「書棚と貸し出しカウンター以外、なにもない。図書館というよりも親切な無料貸本屋みたい」（津野［1998：336］）になってしまったと津野は慨嘆する。そして本の公共財的側面や多様性の重視、貸出以外のサービスへの配慮を訴えた。これに対する図書館関係者の反応は大きく分かれ、貸出サービス、ベストセラー複本購入の正当性を訴え津野を批判する意見（阿部［1998］前田秀樹［1998］）、津野の問題意識と主張に理解を示す意見（鬼倉［1998］千賀［1998］豊田［1998］）の双方が相次いで同誌に掲載された。翌年には『出版ニュース』誌上でも議論の紹介がなされ（西尾［1999］）、二〇〇一年には一連の論争を総括する文章も出ている（垣口朋久［2001］）。また『図書館雑誌』誌上での一連の論争は、後に単行本にも収録されている。(2)

能勢仁　出版・書店コンサルタントでノセ事務所代表の能勢仁は、二〇〇〇年、出版業界紙『新文化』紙上で図書館貸出冊数の増加に危惧を示した（能勢［2000］）。能勢は貸出冊数増加の原因として、公共図書館が市民に迎合してベストセラーを大量購入する「公立無料貸本屋」となっていることを挙げ、そうした現状が出版業界の脅威となっていると指摘した。これに対し、日本図書館協会事務局の立場から松岡要が同紙に反論を掲載した（松岡［2000］）。松岡は、能勢の認識に正確さを欠く部分があると指摘するとともに、図書館関係者と出版関係者との合意形成の必要性を主張した。また日本図書館協会（以下「日図協」と略す）も、松岡の反論についての報告を『図書館雑誌』に掲載している（図書館雑誌［2000］）。

1・2 「図書館は『無料貸本屋』か」以後

図書館業界外　前述のとおり、林は『文藝春秋』二〇〇〇年一二月号において、公共図書館によるベストセラーの大量購入が出版衰退の一因となっており、良書の購入や新刊の貸出制限などをすべきと提案した。これを皮切りとして、他の論者も図書館への批判や提言を積極的に展開するようになった。ノンフィクション作家の佐野眞一は、その著書『だれが「本」を殺すのか』の中で図書館にも一章を割き、林の主張を紹介する形で「無」論を取り上げた（佐野［2001］）。佐野も、林の主張の基本的な部分には賛意を示している。また推理作家の楡周平は、「公共図書館をここで直ちに「ただの貸本屋」と断ずるつもりはありません」（楡［2001：120］）とことわりつつも、貸出実態の調査と著作者の経済的利益への配慮を公共図書館に対し求めた（楡［2001］）(3)。

こうした個々の著作者の動きに呼応する形で、出版団体や著作者団体も行動を起こし始めた。日本ペンクラブは「公立図書館の貸し出し競争による同一本の大量購入」を憂慮する声明を発表し（日本ペンクラブ［2001］）、その後も図書館の現状を知るためのアンケート調査、図書館関係者との面談、シンポジウムなどを行なっている（猪瀬ほか［2002］日本ペンクラブ言論表現委員会［2002a］［2002b］図書館雑誌［2001b］）。日本文藝家協会も、シンポジウムで図書館の問題を扱っている（図書館雑誌［2003b］）。また同協会常務理事で純文学作家の三田誠広は、公共図書館におけるベストセラーの複本購入が作家の著作権を侵害しているとして、公共貸与権の導入を一貫して求めている（三田［2002］［2003］など）。公共貸与権を求める動きとは別に、日本推理作家協会は図書館における貸出猶予期間の導入を提案している（東京新聞［2003］）。これらの活動の一つの結果として、二〇〇五年一一月には、日本児童文学者協会、日本児童文芸家協会、日本推理作家協会、日本文藝家協会、日本ペンクラブの五団体が共同で「図書館の今後についての共同声明」を発表した（日本児童文学者協会ほか［2005］）。三田はその解説の中でも、「（引用者注――現状のままでは、公共図書館が）ベストセラーの複本が並ぶだけの無料貸本屋に堕するおそれがないとはいいきれません」と述べている（三田［2005］）。

公共図書館への批判や提言とともに、貸出や複本についての実態データの開示を求める声も一段と高まった。[4] 大手文芸出版社で結成する「出版一一社の会」（構成メンバーは角川書店、幻冬舎、講談社、光文社、集英社、小学館、新潮社、中央公論新社、徳間書店、扶桑社、文藝春秋）は、二〇〇二年に公共図書館の貸出状況に関するアンケート調査を行ない（図書館雑誌［2002c］）、[5] より大規模な調査を日図協に要請した。日図協は依頼を断ったものの（図書館雑誌［2003a］）、翌年には日本書籍出版協会と合同で全国の公共図書館における貸出実態調査を行なった（日本図書館協会・日本書籍出版協会［2004］）。

こうした著作者、出版社と公共図書館との間の議論は、他にも様々なところからの関心を惹いた。ＮＨＫのテレビ番組「クローズアップ現代」は、二〇〇二年に図書館と出版社、作家との対立を特集した。しかもその後、番組中で町田市立図書館のベストセラー提供が歪曲した形で放映されたとして、同図書館や市民団体が同局に抗議を行なう事態となった（手嶋［2003a］［2004］町田市立図書館［2003］など）。二〇〇四年には日本経済調査協議会が図書館についての調査報告を行ない、その中で津野の議論に絡めて「無」論も取り上げられた（日本経済調査協議会［2004］）。「貸出サービス至上主義」には批判的で、基本的に津野の主張に近い立場の報告となっている。

図書館業界内—反論型　業界外からの批判的な言論に対して、図書館関係者も様々な反応を示している。その中で「無」論への批判を一貫して展開している代表的な人々は、主として日本図書館研究会（以下「日図研」と略す）を中心に活動する図書館員や研究者であろう（田井［2001］［2002］西村［2002］馬場［2001］山本昭和［2001a］［2001b］［2002］など）。[6] 同会の機関誌『図書館界』にも、貸出サービスや複本購入の正当性を主張する論考が多く掲載されている。彼らの主張は、基本的に『市民の図書館』に沿いつつ、利用者の要求に応えることを最重要視するという点で一致している。すなわち、貸出サービスは普通の市民が公共図書館に求める普遍的かつ基礎的なサービスであり、それに応えるためにはベストセラーの複本購入が必要不可欠である。「無」論は教養主義的価値観に基づきそうした要求を「質が低い」と決めつけることで、結果的に市民の「知る自由」を阻みかねないという立場である。また町田市立図書館の手嶋孝典は、「無」論は事実誤認に基づいており図書館振興こそが根本的な解決策だとする論考を相次いで発表したほか（手嶋［2001］［2003b］）、先述のNHK番組問題についても反論を寄せ、「図書館バッシングに反論」と題した図書館員の座談会にも参加している（小形ほか［2002］）(7)。浦安市立図書館（当時）の常世田良も、自館のデータなどを分析しつつ、図書館が出版界に損害を与えているというのは誤解だとしている（常世田［2003：第7章］）(8)。その他に目立つ主張としては、一連の論議における市民、利用者の声の不在を指摘するものがある（小形［2002］田井［2004a］など）。

図書館業界内―理解型　「無」論に完全に賛意を示す主張は基本的に確認できないが、一定の理解を示すものは図書館情報学研究者を中心に見られる。東京大学の根本彰は、「無」論の事実認識に問題があるとしつつも、議論としての妥当性は認め、教養書や学術書の重視には賛意を示している（根本［2002：第2章］［2004a：第1章］）。慶應義塾大学の糸賀雅児は、双方の議論において公共図書館の地域差が考慮されていないことを指摘しつつも、問われているのは「図書館サービスのポリシー」であるとし、貸出中心の態勢を変革すべきとしている（糸賀［2003］［2004］）。図書館員でも、国立国会図書館の塩崎亮は公共図書館が外部環境適応に成功していないという問題意識のもと、マーケティング概念に基づいた対応の必要性を主張している（塩崎［2001］［2004］）。立川市立図書館（当時）の斎藤誠一は、「無」論を現状のサービスのあり方を見直すきっかけとして評価している（小形ほか［2002］）。浦安市立図書館の鈴木均は、現状の公共図書館が「貸出至上主義」批判を受けざるをえない状況であることを指摘しつつ、「情報提供」にとどまらない路線を模索している（鈴木均［2002］）。また元国立国会図書館の千賀正之は、「要求即応主義」に基づく同一著作大量購入を批判している（千賀［2001］）。

1・3　議論の概観

一連の議論をたどってみると、論者と舞台が徐々に図書館業界の外側へ拡大していく様子がわかる。昼間の主張をめぐる論争までは、参加者は図書館員や図書館情報学研究者にとどまっていた。その後の津野は、図書館の利用者という立場から『図書館雑誌』に論考を載せた。そして能勢は出版業界の立場から出版業界紙で意見を述べ、林に至ってついに『文藝春秋』という日本有数の言論誌が舞台となったのである。したがって林の文章が現在に至る議論の直接的な端緒となった原因も、主張する内容自体の斬新さというより、そのような主張の存在が図書館業界外に広く認知されたという状況論的な部分に求められよう。そう考えるならば、林の文章を受けて『図書館雑誌』が行なった特集のタイトル「図書館は出版文化をどう支えるか」（図書館雑誌［2001a］）は極めて象徴的である。なぜなら図書館業界が、他の社会的アクターとの関係の中での自らの社会的位置づけを考慮せざるをえなくなったことを示していると解釈できるからである。

2　「無料貸本屋」論の論点

2・1　「無料貸本屋」論とは何か

前節で確認したように、「無」論と一口に言ってもその内容や重点の置き方は論者によって異なる。その最大公約数的な部分を求めるなら、「現状の公共図書館は貸出サービスに偏重している」という問題意識に基づき、何らかのオルタナティブを提案する主張であると集約できる。「何らかのオルタナティブ」が論者によって十人十色なのだが、貸出サービスのあり方への疑問は通有されていると言ってよいだろう。公共図書館における貸出サービスの重要性を謳った『市民の図書館』に「無料貸本屋」の初期の用例が見つかるのも、そう考えれば半ば当然のことである。

こうした貸出サービス批判が、なぜこれほどまでに好んで「無料貸本屋」と言い表されるのだろうか。同様の議論を振り返れば、「貸出至上主義」（津野［1998］）や「貸出第一主義」（伊藤松彦［1987］）、「無料書店論」（岩内［1986］鈴木桂子［1986］）などの用例を見つけることができる。いずれも指示対象はほぼ同じであるが、「無料貸本屋」ほど人口に膾炙することはなかった。「無料貸本屋」という言葉が多用される直接的な要因は、古くから使われ、人の耳目を集めやすい響きを持つという点にまずは求められるだろう。しかし、より根本的には（貸出サービスを中心とする）公共図書館と貸本屋との類似性、加えて貸本屋に対する社会的印象が大きく作用していると考えられる。

今でこそ貸本屋はそれほど目立たない存在になっているが、かつては図書館よりも貸本屋の方が身近にある環境が一般的であったとされている（例えば大串［2002：47-50］）。『図書館雑誌』一九五六年五月号、六月号の特集は「貸本屋問題」であり、当時における貸本屋の存在感の大きさを間接的にうかがい知ることができる。[9] 特集では「貸本屋の活動が図書館活動に影響を与えているか」がアンケートされ、「貸本屋の利用者は図書館に移行するか」が論じられている。公共図書館と貸本屋とは一種の競合関係にあるという認識が当時存在したのだと推測できる。こうした公共図書館と貸本屋とを類比的にとらえる社会的イメージの存在に加え、貸本屋には、（実態がどうかは措くとして）低俗というイメージがあったことも見逃せない。「貸本屋問題」特集には「貸本屋の害悪について」という文章がある（草野［1956］）。『市民の図書館』でも「貸本屋は低劣なものだと仮定しても」（日本図書館協会［1970：37］）と述べられており、そのような通念が存在していたことを示唆している。さらに大串夏身は、一九七〇年前後の貸本屋追放キャンペーンによって「低俗な本を並べているところというイメージ」が定着したと指摘している（大串［2002：47-48］）。

こうした諸条件を前提に考えると、「無料貸本屋」という表現は、薬袋秀樹の指摘するとおり「提供する資料を小規模、低レベルに見せるとともに、「無料」という表現によって過剰サービス、無駄なサービスという印象を与える」（薬袋［1992：250］）機能を（特に貸本屋をよく知る年代を対象に）果たしうることになる。

2・2　貸出サービスの何が問題なのか

では、なぜ「無料貸本屋」というレッテルを貼られてしまうまでに貸出サービスが批判されるのか。

議論を冷静に分析するために留意しておくべきことは、ほとんどの「無」論者は、貸出サービス自体の存在意義を否定しているのではないということである。貸出サービスを一切廃止すべきというような主張は、少なくとも林以後の主な「無」論には出てこない。「無」論が問題と考えているのは、公共図書館における貸出サービスへの「偏重」(10)である。貸出サービス「偏重」がもたらすとされる主な弊害を整理すると、以下のようになるだろう。

・貸出サービス以外のサービス(レファレンス、郷土資料、行政資料……)が疎かになる→「貸出サービスの位置づけと他のサービスとの関係」という論点
・より多く貸出される蔵書を求める結果、特定の(価値の低い、ベストセラーの……)資料が過度に購入される→「公共図書館の図書選択」という論点
・貸出サービスが充実するほど、他のアクター(著者、出版社、書店……)に与える経済的損害が大きくなる→「図書館外との利害調整」という論点

もちろん上記三点は互いに関連しあっており、完全に区別して論じることは難しいのだが、簡便のため一点ごとに分けたうえで各々の論点をめぐる諸言説を整理してみたい。多様な言説に対して大まかな見取り図を与えるため、以下では引用の織物としての「理念型」を作成するという手段をとる。「理念型」の引用元となった言説主体の立場が当該理念型とそのまま一致するわけではないことは、あらかじめおことわりしておく。また一節で紹介した以外の貸出サービスに関する文献も適宜引用元

に含まれている。

2・3　貸出サービスの位置づけと他のサービスとの関係

公共図書館におけるサービス政策や資源配分の問題として、貸出サービスをどのように位置づけるかが一つの論点となる。もっとも、この論点は基本的に図書館経営という内部的な事象に属するため、業界外の論者からはそれほど論じられていない。言説のタイプは、「無」論を批判する論者に多い「貸出サービス集中型」、「無」論の問題意識に共感を示す「貸出サービス相対化型」、両者の対立構造自体を問う「貸出サービス手段型」に大別できる。

貸出サービス集中型　このタイプの究極的な拠り所となる理念は、『市民の図書館』に求めることができる。同書では「レファレンスは先にのべたように貸出しの基礎の上に築かれるものであって、貸出しぬきのレファレンスなどありえない」（日本図書館協会［1970：38］）と述べられ、「貸出し」が他のサービスの土台として位置づけられている。つまり「貸出し」は最も普遍的かつ基礎的な図書館サービスであり、それをなおざりにして他のサービスに注力することは本末転倒だということである。

この考え方は、館内閲覧（端的に言えば、席貸し）が標準的なサービスであった時代に、当時の通念を覆す提言として登場したものであったが、以後多くの「無」論批判に受け継がれ、今日にいたっている。例えば「公共図書館は限りなく無料貸本屋である」（前田秀樹［1998：650］）という逆説的な表現も、貸出サービスが公共図書館の本質的機能だという信念の表明である。貸出の対抗軸とされることの多いレファレンスについても、「資料要求に応えられない図書館でレファレンスの要求が生れるはずはない」（伊藤昭治［1987：377］）、「「貸出」を伸ばすことで「貸出を伸ばすための・支えるためのレファレンス」としてレファレンスが再構築されていく」（明定［2004：184］）といった位置づけがなされることが多い。充実した貸出なくして内実のあるレファレンスはありえない。貸出という土台の上に他のサービスが成り立ち、そして他のサービスは貸出を発展させる機能を担うという循環的構造が必須なのである。こうした意味で、貸出以外のサービスにも意義は認められるが、「貸出しという機能の対抗物として充実させようとするときには、それらは悪いことになる」（山本昭和［2002：6］）とされる。ひたむきに貸出を行なっていれば、次の展望は自ずから開けてくるはずなので、「「あるべき位置で自然にあらわれてくるはず」の諸サービスの課題」（塩見［2004：172］）を日常の実践の中で把握することこそが重要となる。

したがって貸出サービス集中型にとっては、「十分な貸出」というのは可能態としての目標とでも言うべきものであり、現実態においては常に不完全で改善すべき点を有している。貸出の少ない図書館が依然多く存在するにもかかわらず、「貸出しを伸ばそうとする運動に対して「貸出至上主義」との批判がなされるのは不思議である」（山本昭和［2001b：273］）、「貸出至上主義なんていわれるほど貸出してるなんていうふうにはとても思えないんですよ」（小形ほか［2002：20］手嶋の発言）といった認識は随所で示されている。ここにおいて貸出冊数は貸出の充実度を測る指標として大きな意味を持つが、あくまで「貸出の数値は結果であり、住民の実際の利用と支持の広がりを目に見える形で示すサービス全体のバロメーター」（田井［2004b：71］）と位置づけられることが多い。すなわち「貸出冊数」を増加「させる」こと自体を目的とするのではなく、自然と貸出が充実「する」ような態勢づくりを第一に目指すべきということである。そう考えると「『貸出しを伸ばす』という課題を『貸出しの伸びるような図書館づくり』として表現してきた」（塩見［2004：171］）という他動詞と自動詞のニュアンスの微妙な違いも理解できる。

さらに、このタイプの議論に見られる特徴として「貸出サービス」を単なる「貸出（処理）」と峻別する点が挙げられる。「展開された貸出しの形態は、日常の貸出しカウンターで繰り返される単純な貸出しの積重ねとして現れる。しかし、それはより複雑で高度な内容を含んでいる」（松尾［1992：140］）、「利用者と図書館員との間に多くのやりとりが生じていることが、豊かな図書館サービスを形成していくための要件であり、それが最も多く生じるのが貸出カウンターだ」（山本昭和［2001b：265］）といった主張がこれに該当する。「貸出サービス」は読書案内やカウンターでの職員と利用者との人間的交流を不可分の要素として含んでおり、「貸出の意義を理解している職員とただ機械的に作業する職員とでは、利用者が図書館から得るものには大きな違いがある」（田井［2001：239］）ということになる。

貸出サービス相対化型　公共図書館は貸出以外のサービス、あるいは貸出に収斂しないサービスにより力を注ぐべきというタイプである。具体的にどのようなサービスを重視すべきかについては、百花繚乱といった様相を呈する。「無」論に直接は関係ないものも含め歴史的に振り返ってみると、『市民の図書館』と同時期のものでは「社会教育的機能」（平野［1968a］）[11]、一九八〇年代では「地域資料」（鈴木昌雄［1984］鈴木理生［1986］［1990］）、「間接利用」（川添［1986］）、「行政情報」（昼間［1986a］）、近年では「電子化」（津野［1998］）、「付加価値」（根本［2002：78］糸賀［2004：189］）などのキーワードが登場している。

こうした中でも桁違いに多く言及されているのは、やはりレファレンスサービスである。「戦後の公共図書館は、大衆への貸出サービスということに重点が置かれるようになったため、レファレンス業務がおろそかになる傾向が出てきました」（三田［2003：67］）、「（引用者注――中小公共図書館では）「調べること」への対応、すなわち情報センター的な機能への対応が遅れた」（昼間［1986b：18］）といったように、貸出サービスへの偏重がレファレンスの展開を阻害してきたという歴史的認識は多く見られる。すなわち、貸出サービスはあくまでサービスの一部なのに、「図書館サービスの中心であると主張することにより、ほかのサービス発展の可能性を阻害する結果をもたらした」（根本［2004b：161］）、「『貸し出し至上主義』がよくないのは、図書館が持つ貸し出し以外の役割がおろそかにされてしまう点である」（津野［1999：152-153］）ということである。もっとも上述のとおり、このタイプの意見は貸出サービスを「否定」するわけではなく、「相対化」するという自己認識を持っている。

貸出サービス相対化型から見ると、貸出サービス集中型は貸出冊数を伸ばすことを第一の目的にしているように映る。「「貸出」自身の意義、あるいは現実としての「貸出」より、むしろ貸出冊数が固執されている」（昼間［1986a：41］）、「貸出冊数の増加が追求され、それが管理部門によって評価されたため、貸出冊数による評価が定着し、貸出冊数の増加がサービスの目標となった。そして、貸出冊数が図書館サービスの測定と評価の一般的な基準となった」（薬袋［1998：148］）、「公立図書館の同一作品の大量購入は、利用者のニーズを理由としているが、実際には貸出回数を増やして成績を上げようとしているにすぎない」（日本ペンクラブ［2001］）という見方は多い。しかし現実には「いまは人員や予算の要求を出すとき、『貸し出しが大切なんです』と言うだけでは行政内部を説得できなくなっている」（根本ほか［2000：143］斎藤の発言）からこそ、より多様なサービスへの転換が必要なのだという論理の流れになる。

貸出サービスへの「偏重」を招いた原因の一つとして、『中小レポート』や『市民の図書館』を指摘する声もある。例としては次のようなものである。「「貸出だけを伸ばしていけば、それはいい図書館になるんです」っていうような考え方で運営されていた図書館は多くて、だからそれは「レファレンスも貸出の副産物として考えればいい、地域資料なんかほうっておいてもいい」みたいな形で進められてきたのが、「中小レポート」（『中小都市における公共図書館の運営』の通称。日本図書館協会［1963］）であったわけですよね」（小形ほか［2002：20-21］斎藤の発言）、「（引用者注――『市民の図書館』は、）図書館サービスが、貸出を中心にする業務に限定すると自己規定し、それが専門的業務であり、すべてがそこに収斂されるという考え方を導いた」（根本［2002：46］）、「『市民の図書館』が強調した「貸出」という機能は、それが本来持っていたはずの図書館機能全体への豊かな広がりをみせることなく、「貸出処理」という作業と同一視されてしまい、司書の働きを周囲に理解させるうえでは、むしろ逆に作用した」（糸賀［2004：191］）。ただしこのような評価は、あくまで同書が「現在の状況」と不整合をきたしているというものであり、「『市民の図書館』が刊行された一九七〇年代初頭の図書館の状況を考えれば、「貸出」に重点をおいた図書館運営の方針は正しい戦略だったといえる」（糸賀［2004：189］）と留保される場合も多い(12)。

また貸出サービス集中型のカウンター業務を重視する姿勢に対しては、「広義の貸出サービスの枠組みに含まれる専門性、とくにカウンター業務を介して実施される専門性をいくら声高に主張してもそれだけでは評価されない」（根本［2004b：166］）という指摘がある。カウンターにおける接客業務は公共図書館に特有のものではなく、こうしたパブリックサービスを専門性の根拠にはできないとするるのである。

貸出サービス手段型　貸出サービス手段型は、先に紹介した集中型、相対化型が共有する「貸出／レファレンス」という二項対立の図式に問題があるのではないかと考える。つまり貸出サービスとはあくまで「方法」であり、その方法によってどのような「目的」を達成するのかがより重視されるべきなのである。同様に一口にレファレンスと言っても、方法としての「レファレンス・サービス」と目的としての「レファレンス（調べること）」がある。したがって「調査研究（レファレンス）という目的はレファレンスサービスでも貸出サービスでも達せられる」（薬袋［1989：269］）ことになる。

もっとも、この前提をもとに議論を進めたとしても、そこからの進み方は一通りになるわけではない。貸出サービス集中型寄りに解釈すれば、「貸出が発展すればするほど、利用者の層も利用される資料の幅も広がって、問題解決のための図書館利用は貸出自体においても増大し、それに伴って職員の手助けを必要とするサービスもまた増大してゆくのである」（田井［2004a：176］）ということになる。貸出サービスという「方法」はどんな目的の利用であっても対応できる普遍的なものなので、結局それを地道に推進していけば自ずと次の展開が現れてくるはずなのである。

一方「貸出冊数偏重政策は、「貸出しを伸ばす」方針それ自体から生じたものではない。貸出冊数偏重政策は、「貸出しを伸ばす」方針を契機として、不適切なサービス目的・対象や選書方針が採用されることによってもたらされている」（薬袋［1989：268］）とする主張もある。この主張は、「図書館員がよって立つ専門性は、利用者の求めに従って資料・情報を提供することである」（前田秀樹［1998：650］）として具体的な日的の設定に消極的であることの多い貸出サービス集中型とは相容れず、理念的には貸出サービス相対化型と重なる部分が多い。

2・4 公共図書館の図書選択

公共図書館では、何らかの基準によって所蔵する資料を選択しなければならない。では、いかなる基準が妥当なのか。この論点については、図書館業界内で古くから議論があり、業界外の論者からも積極的な発言が見られる。以下では、要求を重視し図書館側の価値判断を避ける「価値回避型」、要求を考慮しつつ価値基準を設定する「一般的価値型」、多様性を重んじる「多様性型」の三タイプに分けて、主な言説の型を紹介する。(13)

価値回避型　「『個々の資料の価値判断は利用者がするものである。（中略）求められた要求の価値判断はすべきではない』ということを忘れてはならない」（伊藤・山本［1992：151］）という信念を資料提供の段階だけでなく、資料収集（図書選択）の段階でも貫くのが、このタイプである。「読書は極めて個別的なものであって、他人が干渉すべきものではない」（前田秀樹［1998：650］）、「読書という行為は、あくまで個人的な営為であり、その個人がどのような読書感を持とうと自由であるが、それを他者に押しつけようとするところから誤りは始まるとだけは指摘しておきたい」（手嶋［2001：

414][14]）、「現代の公共図書館では、市民から求められた本の質が高いか低いかについて、あれこれ詮索したりしない」（山本昭和［2002：5］）など、読書は個人的行為なのだからその内容に図書館が立ち入るべきではないという指摘は相当数存在する。「ベストセラー本の質が本当に低いのかどうかは証明されていない」（山本昭和［2002：5］）、「（引用者注――「無」論者は）ベストセラー本の質を疑い、真の読書に価しない『売れる本』と見下し」（馬場［2001：7］）ているなど、「ベストセラー＝低質」という図式を批判する言説も目立つ。このタイプから見ると、後述する高踏的価値型も一般的価値型も、「どんなに強い要求があっても、設定された目的にあわないとして、選択から切り捨てられる資料が発生」（伊藤・山本［1992：44］）するという点では五十歩百歩となり、どちらも容認できない。「求められた資料は必ず提供する」（西村［2002：206］）ことこそが重要なのである。

　それでも金銭的・物理的制約に起因する図書選択はどうしても必要となる。価値的な基準を認めない以上、「図書館が用いるのは、どのくらい多くの人がその本を求めているのかという区分けです」（山本昭和［2001a：412］）ということになり、できるだけ多量の要求を満たすことが重視される。限られた資源でいかに多くの要求に応えられるかが最重要の問題として設定されるのである。したがって、「本当にむだ使いなのは、だれにも読まれない本を購入しておいて、その本をいつまでも書架に並べておくことである」（山本昭和［2002：4］）、「図書館にとっては確実に早くその資料を提供することが大事なのである」（西村［2002：207］）といった言説に見られるように、効率的な利用に資する図書選択が求められる。このためには、「公立図書館が複本をたくさん購入する最大の理由は、予約している人を長く待たせないためである」（山本昭和［2002：2］）と言われるとおり、ベストセラーの複本購入や予約、リクエストは必須の手段となる。

一般的価値型　一般的価値型とは、要求を基本に据えつつも何らかの価値的基準は設けるべきという立場である。ただし基準の内容は論者により様々であり、必ずしも明示されない場合も多い。「何でも要求があれば買うべきだという論には、私はくみしない」（前川・石井［2006：85］）、「あくまで図書は利用するためにあるというのが前提になるんだけど、じゃあ利用が少ないからそれはいらないのかとか、そういうことではないと思うね」（小形ほか［2002：18］小形の発言）といった主張が、このタイプの最大公約数的な認識だと言えよう。価値的基準の存在自体を認めない価値回避型に対しては、「「資料論」がまったくないから、利用者のニーズに応えていけば図書館が動かせるというふうに考えてきたところに、図書館の行き詰まりの原因があるんじゃないかと思います」（根本ほか［2002：8］小川の発言）、「公立図書館の機能を資料提供として位置づけ、様々なサービスの根拠となる公立図書館の目的を十分論じてこなかった」（薬袋［1998：149］）といった批判がある。

「無」論者によく見られる基準としては、「読み捨てられるベスト・セラーは公共図書館では蔵書とせず、これこそ市民個人の購入にゆだね、市民が個人として買えないような基本図書中心」（昼間［1986a：65］）[15]、「値段は高いけれども、文化的、学術的に価値の高い本を図書館が購入し、蔵書として保存する」（三田［2003：65］）といった、「高踏的価値型」とでも呼ぶべきものがある。つまり、個人が図書館以外の手段では容易に入手できず、なおかつ文化的・学術的な価値の高い資料を集めるべきという主張である。そうでない資料については、「もし、読書という形で「娯楽」を得ようと思うならば、その本は買って読むのが当然の礼儀である」（林望［2000b：297］）、「ベストセラーをリクエストされたら、「そんな本くらい自分でお買いになったらいかがですか。うちは無料貸本屋ではありません」といえるくらいの自負をもったらどうか」（佐野［2004：（上）461-462］）とする見解もある。

一般的価値型は、先述したように要求にも一定の考慮を払う。ただし価値回避型のように全ての要求を受け入れるという姿勢はとらない。「貸出中心でベストセラーの複本を揃えるということを続けてきた図書館には、ベストセラーを求める利用者が集まります。（中略）利用者の声を聞けというこ とは、そうした図書館の現状を肯定することにつながるのです」（三田［2003：200-201］）というように現状の公共図書館はベストセラーへの要求を重視しすぎているという指摘、「ベストセラー本を自分で買って読んでしまった少ない声の公共図書館利用者」（千賀［2001：804］）の要求をより重視すべきという指摘が見られる。こうした指摘の根底には「大量購入の同一著作に寄りかかったイージーな要求即応主義は、公共図書館が利用者と馴れ合った安直なサービスといえないか」（千賀［2001：805］）という問題意識がある。

一方、「無」論に一定の理解を示す図書館情報学研究者には、「図書館コレクションのあり方は消費主義と一線を画した公共性の原則を図書館側が組み立てた上で決定すべきである」（根本［2004a：161］）、「どこかで公共的な価値の実現のために、市民の要求すべてを受け入れるわけにはいかなくなる」（糸賀［2004：189］）というように、「公共性」という概念を基準に据える主張がみられる。

多様性型　公共図書館の蔵書には多様性が求められるとするタイプである。一般的価値型、価値回避型の両者とも、多様性の大切さについては認めている。例えば一般的価値型の言説では、「本の文化の唯一のささえは多様性だ。売れる本も売れない本も、有名作家の本もじみな研究者の本も、ばかな本もかしこい本も、そのすべてがずらりと揃っていて、ようやく本の文化はいきいきしたものになる」（津野［1999：152］）とし、続けて公共図書館のマンガ本に対する冷淡さを問題視するものがある。一方価値回避型の言説においても、「多様性を保障するという意味では私も賛成なんですよ。ただ、こういう資料に価値があるんだということを図書館があんまり言ってっちゃうと、逆に思想善導じゃないですけれども、いつか来た道になりかねないと思ってる」（小形ほか［2002：28］手嶋の発言）として価値判断に警戒感を持ちつつも、多様性尊重の姿勢を示すものがある。他にも「人々がいま書店に求めているのは、選ばれた良書が置かれていることではなく、幅広い情報・知識を提供してくれることだ」（常世田［2003：132］）、「利用者の要求を基本としつつも、多様性といったものを確保していくことが図書館の役割であると思います」（小形ほか［2002：28］小形の発言）などの言説があり、多様性の意義について異論を唱える論者はまずいないと言ってよい。

しかし多様性の重要さを認めたからといって、そこからの論理展開が一通りになるわけではやはりない。一般的価値型と価値回避型の間には、多様性をいかに実現するかについての溝が存在する。特に溝がはっきりしているのは、複本の位置づけである。一般的価値型では、「量的にたくさんの利用者を確保することではなく、どんな要望にも極力応えられるように多面的重層的に蔵書を構成する」（林望［2000b：300］）ことが重要として、複本を制限する方向の議論になる。価値回避型では、「いつも貸出中であるような本の複本を購入するのであれば、「貸出中」の率は確実に低くなる」（山本昭和［2002：3］）として複本購入を積極的に進める議論になる。利用者にとっての「要求タイトル可能性」という観点からすれば、貸出中という理由で利用できない資料を極力減らすことが、多様性の保障につながると考えるのである。

2・5　図書館外との利害調整

『市民の図書館』における「無」論批判では、この論点は全く出てこない。つまり、当時においてこの問題は、「問題」として認識されていなかったのである。「無」論の流れの中で、貸出が著作者や出版社に経済的損失をもたらすという問題意識は能勢を嚆矢とする。こうした主張が近年になって続々と出現した一因には、出版業界における図書館の存在感の増大があるとされている（根本［2002：65–66］）。

この論点については、公共図書館はむしろ利益をもたらしているという「損失否定型」、損失を与えているのだから補償すべきという「補償要求型」、公共図書館の相対的な守備範囲を考慮すべきとする「棲み分け型」に分けて紹介する。

損失否定型　このタイプにとっては、著作者や出版社の批判はそもそも不況に起因するもののように映る。「本が売れない最大の原因は不況」（手嶋［2003b：646］）であり、「長引く経済不況の中で本や雑誌を買い控える市民が増え、出版業界にも未曾有の不況が現出していること」（西野［2001：410］）が「無」論となって現れているのである。したがって公共図書館はいわば濡れ衣を着せられていることになり、「出版のほうの内部の問題をどこか外へ転嫁してるんじゃないか」（小形ほか［2002：5］小形の発言）という疑念も抱かれている。

では、なぜ公共図書館が著作者や出版社に損害を与えていないと断言できるのか。第一に、公共図書館の貸出において新刊書やベストセラーの占める割合が低いからである。「図書館は新刊本やベストセラーばかり貸出しているのではない」（常世田［2003：174］）し、「複本が図書費を相当に食っているかっていうと、そんなことはない」（小形ほか［2002：5］堀の発言）とする主張が実際の貸出データとともに提出されている。すなわち、「図書館ではベストセラーは一時的に利用されるのではなくて、書店でのブームが去ったあとでも、もっともよく利用される本として、相当長期間にわたって読まれている」（田井［2002：517］）ので、「書店のベストセラーと図書館のベストリーダーは性格が異なる」（手嶋［2003b：647］）ことになる。したがって、公共図書館における貸出が書店の売上とバッティングする部分は、仮にあったとしても許容できるレベルに収まるのである。こうした主張は、後述する棲み分け型に近いように見えるが、異なる部分もある。このタイプでは、公共図書館と書店との棲み分けは事前の意図的な作為によるものではなく、結果としての現象である。公共図書館が書店を含めた出版業界に積極的に配慮する必要はない。なぜなら「図書館は出版界のために存在するわけではありません」（山本昭和［2001a：413］）、「われわれが向いているのは出版界じゃなくて、利用者ですから」（小形ほか［2002：22-23］斎藤の発言）ということになる。

公共図書館が著作者や出版社に損害を与えていないと断言できる第二の理由は、公共図書館の貸出がさらなる読書要求を惹起し、結果として出版業界全体の利益につながっているという推測である。この点については、「図書館利用が活発な自治体では、図書館が市民の本に対する購買意欲を掘り起こしている」（常世田［2003：174-］）としてデータで補強される場合も、「図書館員は、（中略）図書館員の倫理綱領（1981）を掲げている。その第一二項では、「図書館員は、読者の立場に立って出版文化の発展に寄与するよう努める」と唱っている」（馬場［2001：8］）として規範的言説が根拠とされる場合もある。

補償要求型　「たしかに図書館はサービス機能として地域住民の要望に沿う機能がある。しかし、限度を決めて購入しないと、本来買うべき本を〝消費〟されてしまう結果になってしまう恐れもある」（能勢［2000：5］）、「読書の娯楽に供すべく営々努力して本を書き、それを出版している人たちに対して、何らの対価を払うことなく無代で之を楽しむ、とそんなことをどうして図書館が奨励するのであるか」（林望［2000b：298］）といったように、公共図書館での（過度の）貸出が結果的に無償の消費になっていることを問題視するのが、この補償要求型である。

では、貸出によって生ずるとされる損失はどのように補償されるべきなのか。この問題の詳細は本章では省略するが、「無」論との関係で言うと、著作者の主張が大きく二つに分かれることに留意する必要がある。第一節で確認したように、「無」論には公貸権の導入を訴える主張とともに、貸出猶予期間の設置を求める主張もあった。両者は公共図書館における貸出を問題視している点では同じだが、その問題意識のあり方はかなり異なっている。この違いは、「ベストセラー作家」と「売れない純文学作家」の立場の違いに基本的に収斂する（三田［2002：184］）。補償要求型には、「ベストセラー作家型」と「純文学作家型」という下位概念が存在するのである。

ベストセラー作家型の発想の前提は、「新刊をお金を払って買う読者と、図書館でタダで本を読む人との間に、不公平をなくすために、お金を出して買った人に、一定のメリットを与えたいというもの」（三田［2003：213］）である。図書館の貸出による著作者自身の直接的な経済的損失は、このタイプにとっては基本的に無視できる程度の大きさでしかない。看過できない問題はむしろ、読者が図書館の貸出で購入の場合と同程度の効用を享受できる事態によって、購入するメリットが失われてしまうという点にある。したがって読者が本を買って読みたいと思えるような動機づけがいかにして可能かということが、より重要な課題になる。著作者への経済的補償ではなく、読者にとっての貸出と購入の差別化こそが必要なのである。そうした文脈から導き出されるのが、発売日から一定の貸出を猶予する期間を設けるという提案である。「館内閲覧のみとすることでその本と触れる利用者は増えることになる」（糸賀［2003：640］）という効果が期待できるのではないかとの指摘もある。

一方、純文学作家型の前提には、「公共図書館が純文学を支えないと、日本の文学は滅んでしまう」（三田［2003：89］）という危機感がある。純文学に代表される「高価な、しかし文学的には価値の高い本」（三田［2003：84］）を買い支えるのが図書館の重要な使命の一つであり、そのためにはそうした図書の購入はもちろん、公貸権のような著作者を支援する制度の導入も必要になる。つまりこのタイプも、経済的損失の穴埋めを単純に求めているわけではなく、文化政策の一環としての経済的支援の必要性を訴えているのである。「公共貸与権による補償金というのは、あくまでも文芸文化の保護が目的です。流行作家の損失補塡のために設けられるものではありません」（三田［2003：213］）という主張も、こうした理解を傍証するものであると言えよう。

棲み分け型　棲み分け型が問題視するのは、「日本の図書館はやはり出版市場に依拠した形での資料提供が非常に強い」（根本ほか［2002：10］根本の発言）という現状である。つまり公共図書館のサービス態勢が、書店に代表される市場的なサービス態勢とあまりに重なってしまったことが、近年

「無」論を招く一因になったのだと考えている。公共図書館と書店が棲み分けている状況が望ましいと考える点で、棲み分け型は損失否定型と親和的である。ただし損失否定型は、すでに「図書館と書店は役割を分担し合っている」（常世田［2003：177］）として意図的な棲み分けの必要性を認めない点で、このタイプと異なる。

公共図書館と出版市場はどのように棲み分けることが可能なのか。まず、資料の帯びる性質に従って分けられるのではないかという言説がある。いわく、本来公共図書館と書店とは、本の「公共財」の側面と「商品」の側面を分担するはずの存在である。しかし公共図書館における「読まれない本は本ではない」という意識が、「売れない本は本ではない」という意識に転化するに至り、公共財としての側面が軽視される状態になってしまった。商品としての本の生命は短く、公共財の側面を担う存在なくしては出版文化の多様性を長期的に維持できなくなってしまうのである（津野［1999：150-152］）。

次に、必ずしも別個のものではないが、「公共図書館は出版（流通）産業が提供しえないものを提供するセーフティネットの役割を果たすものである。セーフティネットは市場と相補完しあう関係にある」（根本［2002：80］）という認識がある。この前提からは、「図書館の資料提供が市場に大きな影響を与えるとすれば、図書館関係者の自主的な努力によってそうではない方向に軌道修正すべきである」（根本［2004a：48］）という主張が導かれる。「出版（流通）産業が提供しえないもの」の具体例としては、「何が一番見にくいか、読者として手に入りにくいかといったらちょっと古くなった逐次刊行物です」（林望［2000a：19］）など、逐次刊行物のバックナンバーを挙げる声が多数ある（根本

［2002：193］、本とコンピュータ［2002：113］薬袋秀樹の執筆部分）。

また、現在問われているのは「租税によって運営される図書館が、総体としては出版文化の発展に寄与していても、部分的に出版市場と相対立するような行動原理でふるまうことが許されるのか」（糸賀［2003：639］）という問題だとし、「地域差に応じて「行動原理」を多様化・弾力化させることで出版市場との共存を図るほうが良いように思われる」（糸賀［2003：640］）とする主張もある。

その他、棲み分け型に関連して、ベストセラー等の貸出は民間の貸本屋が行なえるよう貸与権を整備すべきとする言説が存在していたことは特徴的である（指田［2002］）。

3　なぜ議論はすれちがうのか

前節の類型化に従えば、主に図書館業界外の「無」論と主に業界内の反「無」論の立ち位置の違いは次の表のようになる。

なお、それぞれの論点における第三のタイプである「貸出サービス手段型」、「多様性型」、「棲み分け型」は、どちらの立場からも受け入れられる要素を具えていると言えるだろう。このようにまとめてみると、確かに両者は各々の論点について真っ向から対立しているように見える。しかし、両者の議論が必ずしもかみ合っていないのではないかという指摘もある（瀬島［2002］）。本章を書き進める中でも、もやもやした消化不良感が拭いきれなかった。そこで本節では、議論のすれちがいを招いたと考えられる原因を挙げることでまとめに代えたい。

表1-1　「無」論の立ち位置

	「無」論（主に業界外）	反「無」論（主に業界内）
貸出サービスの位置づけと他のサービスとの関係	貸出サービス相対化型	貸出サービス集中型
公共図書館の図書選択	一般的価値型	価値回避型
図書館外との利害調整	補償要求型	損失否定型

数値解釈　「図書館を通じてどの本がどれだけ読まれたのか、貸出の実態が分かれば、最近とかく言われる「図書館がベストセラー中心の、市民迎合型のただの図書館」なのか、「民業を圧迫している」のかといった論争に決着がつくと思います」（楡［2001：122］）という言葉のように、客観的数値が出れば論争にも一応の決着がつくのではないかという期待がかつて存在していた。日本図書館協会と日本書籍出版協会による「公立図書館貸出実態調査2003」にも、そのような期待が向けられていたはずである。だが、確かに客観的数値が出たという意義は大きいものの、この調査によって論争に終止符が打たれたわけではなかった。数字自体は客観的であっても、その数字の解釈や比較対象は立場により全く異なるものだったのである（植村ほか［2004］）。例えば図書館員から見れば、貸出全体の中に占める特定のタイトルの割合が問題になると考えられ、その場合どんなベストセラーであろうとまず間違いなく微々たる値になるはずである。一方そのタイトルの著者から見れば、売上部数と図書館での貸出回数を比較するという、いわゆる「図書館提供率」に近い見方をするのが自然に感じられるかもしれない。「さまざまな資料を扱う図書館関係者がいだくマクロな感触と個々の本の作者や出版社が感じるミクロな思いのずれがこの論議の根底に横たわっていることは間違いない」（根本［2004a：18］）という指摘も、こういった問題を指している

と考えられる。これはどちらかが間違っているという類のものではなく、双方に相応の合理性があるため、むしろ水掛け論に陥ってしまうおそれがある。

批判対象　誤解やステレオタイプ化によって、批判対象として論者に抱かれた理念と実態が食い違うということが起こりうる。「無」論のほぼすべては公共図書館の現状のあり方を批判しているのであって、存在自体を批判しているわけではない。だから「無」論者も、図書館に「エールを送っているつもり」（林望［2000b：302］）なのである。しかし反「無」論の文脈では、「無」論が図書館の存在自体を貶めているとする認識が見られる。「だれが言い始めたのか、詮索する気持ちはないが、「無料貸本屋」ということばを用いて公立図書館の機能と目的を貶めている確信犯がいることに、何ともいいようがない怒りと悲しみを覚える。（中略）公立図書館は「無料貸本屋」ではなく、市民の内発的発展のために不可欠な存在として、教育への公費充当と同一原則によって支えられるべき無償教育制度である」（馬場［2001：6-7］）という主張は、実は「無」論への批判には必ずしもなっておらず、むしろ前提の共有にすらつながりうるものである。

一方「無」論の側にも、批判対象についての理念と実態が一致していなかったのではないかと推測されるエピソードがある。日本ペンクラブの言論表現委員会が公共図書館を対象に行なったアンケートでは、複本購入の実態、書店と図書館との棲み分けなどが設問として聞かれていた（日本ペンクラブ言論表現委員会［2002b］）。その結果、事前の予想とはおそらく異なり、複本を抑制している館や設問者の主張に賛意を示す館がかなり存在した。もちろん約二〇％（三五四館中七一館）という低回収率などの問題もあり断言はできないが、論争に参加しなかった沈黙する勢力の存在が露わになったようにも見える。

問題設定　先述のとおり、「無」論は決して一枚岩ではない。すべてに通底していると言えるのは基本的にその問題意識だけである。「現状の公共図書館は貸出サービスに偏重している」という問題設定を共有したうえで、その問題にいかに対応すべきかについて「無」論同士でも対立する部分があるのは、第二節でも確認したとおりである。

それに対して、「無」論と反「無」論とで対立しているのは、「何を問題とするのか」という、それより一歩手前の論点なのではないか（ただし、以下の記述も含めて、反「無」論のすべてについて該当するわけではない）。つまり反「無」論にとっては、「現状の公共図書館を問題視すること」自体が最大の問題なのであり、議論がかみ合ってしまうことはその問題意識の共有を意味しかねない。そうだとするならば、この論争がかみ合わないのは当然のことであり、むしろかみ合ってはいけなかったとすら言えるのだ。

そう考えてみると、この論争についての消化不良感も部分的には理解可能になる。「無」論が貸出サービス偏重を問題視し、それに対する様々なオルタナティブを提示したのに対し、反「無」論はそうしたオルタナティブを批判すると同時に、問題視する「眼差し」こそを問題視したのだと考えられる。なぜなら、貸出中心のサービス態勢を肯定的にとらえる反「無」論にとっては、現状の公共図書館のあり方——要求論的立場に基づいた貸出中心のサービス態勢——をめぐる論争が起きること自体が最大の問題なのであり、「公共図書館のあり方」についての結論は議論を行なうまでもなく明らかだからである。結局「無」論争は、通常の意味での「論争」たりえなかったのではないか。

注

（1）日本図書館協会『市民の図書館　増補版』［1976］三七―三九頁をもとにした。
（2）津野［1999：147-190］なお、本章における津野の引用ページはすべて同書のものである。
（3）楡はこの論考の中で、公共図書館に対し貸出データの公開を呼びかけたが、返答があったのは一館のみであったという（日本ペンクラブ言論表現委員会［2002a］）。
（4）こうした要請に先立つ実態開示としては、高浪［2000］、熊田［1999］。
（5）根本［2004a：11-］に同調査の概要と分析が掲載されている。
（6）「無」論の文脈に関連して、同誌では現状の貸出サービスの是非についての誌上討論を二〇〇四年以降継続的に行なっている。例えば図書館界［2004］の特集。
（7）この座談会の基調は「無」論批判だが、参加者のスタンスには若干の違いが見られる。例えば一九―二一頁の手嶋と斎藤のやりとりを参照のこと。
（8）ただし、常世田は作家の主張についても配慮を示している（常世田［2003：265］）。
（9）図書館雑誌［1956a］［1956b］なお、公共図書館と貸本屋をめぐるエピソードとしては、他にも一九八一年の全国貸本組合連合会の陳情がある。当時、「図書館の発展が貸本屋の哀退につながっている」（松岡［1980：30］）との訴えが貸本屋からなされ、「東京の各地にみられはじめた双方の『競合』」（伊藤松彦［1980：22］）について両者が非公式に議論をしたこともあったようだ。そうした流れを受けて、一九八一年に全国貸本組合連合会は「図書館行政に対する陳情」を申し入れた（図書館雑誌［1981］）。陳情書の中では、図書館の普及・展開が貸本屋の立場を無視して行なわれていることが問題視され、図書館と貸本屋の棲み分けや協力についての提案が記されていた。
（10）下記三点のほか、図書館の無料原則という論点も存在する。この問題については第三章を参照のこと。

(11) なお「間接利用」とは、貸出など「直接的サービス」の対義語であり、相互教育、郷土資料収集、講座・講演会、出版事業などを指している。

(12) 薬袋秀樹は、『市民の図書館』が刊行時点での意図を超えて「聖典化」してしまったことに注意を促している（薬袋［1989：270,273］）。

(13) 公共図書館における図書選択の理論的側面からの検討については、安井［2006］を参照。

(14) なお、「公共図書館として購入すべき本というのはあると思う」（手嶋［2001：415］）という留保も付けられている。

(15) 昼間はその直前に、「『良書』を書架にならべることが公共図書館の課題ではない」とも言っている。これは価値的基準を用いるべきではないということではなく、社会的妥当性を伴わない基準を用いるべきではないという信念の表れだと考えられる。

第二章　ビジネス支援サービス

田村　俊作

はじめに

「公共図書館を利用する」というとき、人はどんなことを思い描くのだろうか。本を借りたり返したり、あるいは、ソファに座って雑誌や本を読んだり、といった経験を持つ人はかなりいるかもしれない。受験勉強に利用した、という人なら、世代を超えて少なからずいそうである。若い人たちの中には、子どものころに児童室を利用したことを懐かしく思い出す人もいるに違いない。

勉強のための自習の場としての機能を除いて、貸出、館内読書・雑誌のブラウジング、児童サービスといった機能は、公共図書館界が半世紀近い歳月をかけて定着させてきた機能である。その努力のおかげで、誰でも気軽に利用できる開かれた図書館というイメージは、今ではすっかり巷間に定着していると言ってよいだろう。

他方、このような図書館のあり方に対する疑問や不満は、図書館界の内外から寄せられている。館界外からの批判の代表的なものには、本書でも取り上げている「無料貸本屋」論がある。また、多くの自治体で進んでいる業務の外部委託や図書館員の一般公務員化などの基底にも、人々の日々の楽しみに役立つ程度の施設でしかないといった判断が自治体の担当者にあるのだろう、と感じている図書館関係者は多い。

こうした状況を打開して、公共図書館をもっと多様な部分で人々の暮らしの役に立つようなものにしたいとする動きが近年いろいろ出てきた。「子育て支援」「行政支援」など、それらは「〜支援」という語をつけて呼ばれることが多い。自治体内の特定のグループや、自治体で行なわれている特定の活動の役に立つことを、それらの名称で明示している点で、「貸出」「レファレンスサービス」といったこれまでのサービスと一線を画すものとなっている。

本章では、それらのうち、「ビジネス支援サービス」を取り上げる。ビジネス支援サービスをめぐる言説の特徴を探り、また、これまでの公共図書館のさまざまな試みとの関連を見ることによって、ビジネス支援サービスをはじめとする社会に直接役立つことを目指す新しいサービス群の特徴と問題点について考えてみたい。

1　ビジネス支援サービスの展開

1・1　ビジネス支援サービスの成立と展開

近年提案され、実践されているサービスの多くが、かつてと同様、欧米創発のものである。全国的規模で展開されている子育て支援のプログラム、「ブックスタート」は英国で始まったものであるし、行政支援サービスのもとは米国の市政レファレンスであろう。ビジネス支援サービスも例外ではない。

ビジネス支援サービスの先駆けとなった図書に、岡部一明の『インターネット市民革命』（岡部一明［1996］）がある。その「第九章　図書館を市民のメディア基地に」において、岡部はカリフォルニア大学の図書館やサンフランシスコ公共図書館などを取り上げて、米国では、公共図書館はもちろん、大学図書館なども市民に広く開放されており、またインターネットの導入も進んでいて、さまざまな情報を提供し、市民の情報源となっていると論じた。わが国とは異なる米国の図書館事情を一般に紹介した本であり、ビジネス支援を直接扱ったものではないが、以後菅谷を中心に行なわれる、米国の図書館事情の紹介の先駆けとなるものであった。

ビジネス支援図書館の最初の本格的な紹介であり、以後の運動の直接のきっかけとなったものは、菅谷明子が『中央公論』一九九九年八月号に掲載した「進化するニューヨーク公共図書館」という記事である（菅谷［1999］）。記事では、ニューヨーク公共図書館がビジネスをはじめ、文学、芸術などニューヨークの街で行なわれている活動やニューヨーク市民をいかに支援しているのか、そしてそのない。

見返りとして、どのように人々に支持され、寄付を得ているのかが語られている。菅谷はその後、ニューヨーク公共図書館の取材を続け、その成果を『未来をつくる図書館：ニューヨークからの報告』（菅谷［2003］）としてまとめている。取材はより網羅的になっているが、基本的な趣旨は変わっていない。

菅谷の記事で注意すべきは、取り上げられているのがビジネス支援サービスだけではないという点である。実際、その後のビジネス支援サービス推進運動を見ると、公共図書館が楽しみのための存在から、市民の役に立つ存在に変わったことの象徴として、ビジネス支援サービスを位置づけている部分があるように思われる。また、岡部に顕著であったが、こうした活動がインターネットの登場により一層強化されると見ている点も特徴であろう。公共図書館は市民に役立つ存在であり得ること、そしてそれはインターネットを活用することによって促進されること――ビジネス支援サービスは、こうしたメッセージを伝えるシンボルとして推進されてきた。

二〇〇〇年一二月のビジネス支援図書館推進協議会の発足に至る経緯については松本がまとめている（松本功［2003］）。ビジネス支援サービスが紹介される以前からの交流を基底にしている結果として、協議会の中心メンバーには、図書館関係者以外に、ジャーナリスト、出版関係者、経営コンサルタントなど、通常のこの種の運動には見られない多彩な顔ぶれが揃うことになった。このような組織が成立した背景に、関わった人々の間の個人的な関係があるのは間違いないだろうが、単にそれだけでなく、従来の公共図書館の活動範囲を超えた新たなサービスを創り出したいとする図書館関係者側の期待や、中小企業支援の新たな方策を探る旧通産省関係者等の試みなど、ビジネス支援をめぐる公共図書館内外の関心の一致が、人々を結束させる上で大きな力を持ったものと考えられる。

後で見るように、公共図書館関係者には『市民の図書館』以来の路線を拡充ないし修正し、地域の情報拠点として公共図書館が市民の生活や活動に直接役立つような存在となることを目指そうとする動きがあった。一方、旧通産省・中小企業庁や地方自治体の商工部門では、長引く不況の下で、中小企業の支援、ベンチャービジネスの育成、中小企業におけるＩＴの活用などが課題となっており、対処策の一つとして、情報提供面での支援が考えられていた。この二つの動きが一つになったところに、ビジネス支援図書館推進協議会の存立基盤があったと言えるであろう。

協議会とその主要メンバーによるシンポジウムや講演会などの普及啓蒙活動と平行して、二〇〇一年九月からは、浦安市立図書館や小平市立図書館において、中小企業庁の支援により、起業家を主な対象としたビジネス支援セミナーが始まる。東京都は二〇〇一年秋から、図書館を活用した企業支援策の検討に入り、ビジネス支援図書館の開設が二〇〇二年度の重点施策の一つに組み込まれた。その結果、二〇〇二年六月に東京商工会議所内にTOKYOSPRingというビジネス支援を専門にする図書館を立ち上げた（二〇〇四年三月閉鎖）。さらに二〇〇三年には、経済財政諮問会議が策定した「経済財政運営と構造改革に関する基本方針2003」、いわゆる「骨太の方針2003」の「雇用機会の創造」の中でビジネス支援図書館の整備が取り上げられた（経済財政諮問会議［2003］）。経済産業省の「新産業創造戦略2005」では「2　地域再生の重点政策の更なる具体化」の中の「地域の『ビジネス創生力』を強化する」でビジネス支援図書館の整備がうたわれている（経済産業省［2005］）。

文部科学省の施策や文書でもビジネス支援サービスは取り上げられている。二〇〇一年の「公立図書館の設置及び運営上の望ましい基準」（平成一三年文部科学省告示第一三二号）には、市町村立図書館の「利用者に応じたサービス」でビジネス支援サービスが言及されている。二〇〇六年の「これからの図書館像：地域を支える情報拠点をめざして（報告）」では「2　これからの図書館サービスに求められる新たな視点」の「（3）課題解決支援機能の充実」でビジネス支援が言及されている。ビジネス支援サービスなどを通じて課題解決支援機能を充実させるという方向は、政府ＩＴ戦略本部による「ＩＴ政策パッケージ―２００５：世界最先端のＩＴ国家の実現に向けて」においても「３　教育・人材」の「（3）生涯学習の推進」で取り上げられている（ＩＴ戦略本部 [2005]）。

これらの活動と平行して、公共図書館によるビジネス支援サービスの提供は、全国的な広がりを見せている。秋田、東京、鳥取、高知、宮崎などの県立図書館や、岐阜、北広島、足立区竹の塚、立川などの区市立図書館があいついでビジネス支援コーナーを立ち上げたり、サービスを開始するなどした。静岡市や上田市などでは、新館の計画にビジネス支援サービスを組み込んでおり、また大阪府立中之島図書館は、ビジネス支援図書館へのリニューアルを行なった。神奈川県立川崎図書館は、以前から産業資料・情報の提供を行なっていたが、二〇〇五年一〇月からビジネス支援室を新たに立ち上げた。二〇〇六年二月にビジネス支援図書館推進協議会が行なった質問紙調査では、回答のあった全国の公立図書館一〇四五館のうち、ビジネス支援サービスを実施している図書館は一二一館、準備中ないし計画中の図書館は四七館であった（ビジネス支援図書館推進協議会 [2006]）。その後の経緯をみても、実施館は増加しているようだ。調査結果が報告された第八回図書館総合展ビジネス支援フォーラム（2006）では、「もはや導入期は過ぎた」との趣旨の発言もあった。

1・2　ビジネス支援サービスの内容

では、「ビジネス支援」として実際にはどのようなことが行なわれているのだろうか。

事例で最も多いのが、ビジネス関係の図書・雑誌・データベースなどを一ヵ所に集めて、「ビジネス支援コーナー」を作ることである。わが国の公共図書館で最も普及している分類法である日本十進分類法では、ビジネス関係の図書は科学、技術、産業など、広い範囲に分散している。会社名鑑や企業関係の人名鑑、業種別審査事典など、ビジネスでよく使う特有の資料があるが、それらについて日本十進分類法が特別な配慮をしているわけではない。さらに、企業情報の中にはデータベースで提供されているものも多いが、これらはもちろん図書と一緒に書架に並ぶことはない。雑誌類も同様である。これらを一ヵ所に集めてコーナーを作れば、ビジネス関係の資料を調べている人の便宜を図ることができるだろう。足立区立竹の塚図書館では、柱面を利用してビジネス関連の新聞記事や新刊案内などを掲示するユニークな書架作りを行なっている。静岡市立御幸町図書館のように、展示架を使って利用者にビジネス資料をアピールする書架を作り出しているところもある。

さらに、資料を利用する際に直面する困難に対して、図書館員が資料調べを援助したり、利用者に代わってデータベースやウェブのページを検索したり、他の専門機関を紹介することも行なわれている。立川市立図書館や東京都立中央図書館では、レファレンスサービスと呼ばれるこの種の利用者支援サービスが重視されていた。

レファレンスサービスに関連した活動として、ビジネス資料の調べ方や基本文献を紹介するパンフレットを作成したり、ウェブ上で公開することがある。浦安市立図書館では、基本資料を紹介するリーフレットを作成し、セミナーの機会に配布した。東京都立中央図書館では、ウェブ上でビジネス関連の基本資料を紹介しているほか、ビジネス情報に関する質問回答事例を資料紹介と結びつけ、『事例で読むビジネス情報の探し方ガイド』（図書館経営支援協議会編［2005］）という本にまとめて刊行した。この本は職員研修のテキストとしても使われている。

ビジネス支援サービスとしてユニークなものに、セミナーや個人相談会の開催がある。セミナーでは、マーケティングやビジネスプランの作成、ビジネス情報の調べ方など、ビジネスの実践に直結したテーマで講義が行なわれている。小山市立中央図書館では、セミナー受講者が起業に成功したことが報告されている（栗原［2006］）。

品川区立大崎図書館や相模原市立橋本図書館では、自治体の商工課および起業を支援するＮＰＯなどと提携して、専門家による個人相談会なども開催している。この他にも、地場産業関連の資料・情報を提供するファッションライブラリーを開設し、ファッションショーを開催した岐阜市立図書館や、利用者が登録したテーマに関連する新着情報を定期的に提供するＳＤＩ（Selective Dissemination of Information）サービスを試行した北広島市立図書館など、これまでの公共図書館のイメージからはなかなか考えられないような、さまざまなユニークな試みがなされている。サービスの提供に当たって、自治体の商工担当部門と連携をとるようなことも、これまでにない動きとして注目に値するだろう。

サービスがバラエティに富んでいることに対応して、サービスの狙いや利用の実態も多様である。

一般に言われているのは、起業支援を通じて活力ある社会作りに貢献するということで、SOHOやスモールビジネスを主要なターゲットとするということであるが、品川区立大崎図書館のように、金属・機械関係の中小企業の多い地域にある場合には、「ものづくり支援」として、中小企業への工業関係の情報提供に力を入れているし、農村地帯に立地している図書館の場合は、一次産業支援を重視している。足立区立竹の塚図書館のように、パートなどの求人情報へのニーズが多く寄せられる図書館もあり、個人相談を行なっているところでは、育児後の仕事探しなどの相談を受けている場合もある。「ビジネス支援」と一言でくくるには多様なニーズを扱っているのである。つまり、ビジネス支援サービスの実際は、さまざまなサービスの集合体であり、その多くは試行中である、とするのが最も適切な説明であるように思われる。

ビジネス支援サービスの意義について、糸賀はビジネス（利用者）の側と図書館（提供者）の側の双方から整理している。まずビジネスの側にとっては、（1）経済情勢・雇用状況の変化により創業、起業の必要性が高まっている、（2）普及しはじめたマイクロビジネスにおいては、活用可能な外部情報資源へのニーズが大きい、（3）個人や中小企業が自立を求められる自己責任型社会においては、適切な意思決定のために情報が必要とされる、（4）データベースへのニーズが高まっている、の四点を指摘している。図書館側では、（1）「読書」「学習」といった従来の図書館イメージを変えるのに役立つ、（2）関係法規・基準の精神にも合致している、（3）公共図書館を課題解決型の図書館に変える契機となる、という三点が指摘される（糸賀［2005］）。

2　背景

公共図書館に今日のようなビジネス支援サービスを導入する直接のきっかけとなったのは、すでに述べたように、ニューヨーク公共図書館の科学・産業・ビジネス図書館を紹介する菅谷明子の記事である。ただし、菅谷はビジネス支援サービスのことだけを書いたわけではない。また、科学・産業・ビジネス図書館が菅谷以前にわが国の図書館界に知られていなかったわけでもない。東京都立中央図書館の職員なども、菅谷の記事が掲載される前年の一九九八年に、科学・産業・ビジネス図書館の訪問記録を残している（関［1998］）。

それだけではない。公共図書館がビジネス・産業の振興に貢献すべきだとする考え方は、散発的ではあるものの遙か戦前にまで遡る。

2・1　産業支援のサービス

一九〇四（明治三七）年に開館した大阪図書館（現在の大阪府立中之島図書館）は、住友が開館に関与した関係から、ビジネス・産業関係図書を提供していた（前田章夫［2006］）。

関東大震災によって壊滅的な打撃を受けた東京市立図書館では、昭和に入ってから焼失した図書館の再建が行なわれた。このうち、主力館であった深川、京橋、駿河台の三館は、再建に際して各館の地域特性に合わせた運営をするために、深川は工業図書館、京橋は実業図書館、駿河台は学生・研究者のための図書館としての機能の充実をめざすことになった（東京市立京橋図書館［n.d.］）。

第二次大戦期に中断はしたものの、戦後になってもビジネス・産業関係のサービスを提供しようとする動きは続く。一つは、戦後の産業復興のなかで、県立図書館を中心とする各地の図書館を、全国的な科学技術情報提供のセンターにしようとする計画で、これには国立国会図書館の地区科学技術資料館と、特許庁の特許公報類地方閲覧所などがある。

国立国会図書館の地区科学技術資料館は、国立国会図書館が受け入れた米国PBリポートの複製物を貸し付けるPBリポートセンターとして一九五四年にはじまり、後には他の資料も加わったため、一九六一年に名称を地区科学技術資料館と改めた。全国一〇ヵ所の公共図書館が資料館に指定され、PBリポートをはじめとして国立国会図書館より貸与された科学技術資料の提供サービスを行なったが、徐々に利用が低下したため、一九九一年三月をもって廃止された（国立国会図書館［1999］）。

特許庁の特許公報類地方閲覧所は一八八七（明治二〇）年にはじまった非常に古い制度で、全国各地に置かれた特許情報提供の中核施設である。大阪府立中之島図書館のように、発明センターや発明協会支部などと並び、地方閲覧所に指定された県立図書館もかなりの数に上る。しかし一九九六年には、機能強化のために地方閲覧所は廃止されて、新たに一県一館を原則として、知的所有権センターが設置されたため、県立川崎図書館を除く県立図書館はすべて指定から外れることになった（特許庁［2007］）。

一九六〇年代には、地場産業やその資料室と県立図書館などとが相互協力組織を作る動きがあった。例えば、一九六三年に活動を開始した周南文献情報連絡会は、徳山市立中央図書館を事務局として、山口県南部の企業体資料室が相互に協力するものであった。また富山県科学技術文献利用振興会は、富山県立図書館を中心館の一つとする、企業体、大学、公共図書館の相互協力組織である。

こうしたビジネス支援サービス登場以前の公共図書館の活動の中で、今日につながるものとして特に注目すべきなのは、神奈川県立川崎図書館の活動である。神奈川県は、一九五八年に第二の県立図書館として川崎図書館を開館した。同館は京浜工業地帯の図書館として、設立当初からビジネスライブラリーとしての性格を持ち、工業関係資料を提供するとともに、セミナーや相談業務など、今日のビジネス支援サービスにつながるような活動を展開していた。また一九六三年には、県立川崎図書館を事務局として、神奈川県、近隣都県内の企業、大学、公共機関等の資料室、図書館、情報部門の相互協力組織である神奈川県資料室研究会が設立され、今日まで活動を続けている。一九八八年には一般資料の提供サービスを廃止してリニューアルオープン、科学・産業部門の公共専門図書館として再出発した。さらに、二〇〇五年一〇月には「ビジネス支援室」を開設し、再度ビジネス支援サービスを本格的にスタートさせた（荻原［2006］神奈川県資料室研究会［n.d.］）。

以上見てきたように、ビジネスに関連した一九六〇年代までの主な活動分野は、企業の研究開発支援のための科学技術資料の提供であり、活動を主として担ったのは都道府県立図書館であった。また主として想定されていた利用者は、個人というよりは企業であった。

3・2　まちづくりに貢献する

一九八〇年代に入ると、活動主体として成長著しい市町村立図書館が登場してくる。また公共図書館のサービス対象は団体というよりは一人一人の市民であり、公共図書館は市民の要求に基づいて運営されるべきである、という考え方も浸透してきた。研究開発支援のための科学技術資料の提供を含む従来のサービスモデルは、こうした新しいタイプの図書館にはなじみにくい。

大多数の図書館が、ビジネス・産業関係のサービスに無関心でいる中で、こうした分野になお開拓すべきサービス領域があると認識し、新たなサービスを提案しようとの動きも若干ながら存在していた。その一つが伊藤昭治らによるビジネスマンを対象としたサービスの提案である。伊藤らは、神戸市における利用者調査の結果を踏まえ、ビジネスマンには図書館サービスに対する十分なニーズがあると結論づけ、ビジネスマンを対象としたサービスを提案した。サービスの内容についての具体的な提言はないが、ビジネス関係書の収集と貸出サービスとが主として想定されていたようである（伊藤昭治ほか［1981］）。また神戸市立三宮図書館はビジネス書を提供したが、他の図書館に広まった形跡はない（小山［1983］）。

一九八〇年代のいま一つの関連した活動は、まち（むら）おこし・まち（むら）づくり、あるいは地域の活性化に公共図書館を積極的に関わらせようとする動きである。一九八〇年に図書館問題研究会は北海道の置戸町立図書館を調査した。同館は当時人口一人当たり貸出冊数が全国一だった。

調査結果を踏まえ、「第六章　置戸町立図書館から学ぶ」で著者は置戸町立図書館の特徴を四点挙げている。その第四点目は「④地域の生産と労働の援助のために」で、置戸の取り組みはまだ不十分ではあるが、今後に期待したいとしている。さらに、図書館の社会的役割について次のように述べている。

その地域に密着し、地域の人々に具体的に結びつき、そこの人々の問題、地域の問題をよく知り、その解決のたすけとなる資料・情報を提供しなければならないのである（図書館問題研究会［1981：255］）。

そして、こうした地域の課題を解決し、地域の発展に貢献することをめざす図書館活動の例として、日野市立図書館市政図書室と滋賀県立図書館の水資料とが挙げられている。

3 論点

前節における神奈川県立川崎図書館の活動や置戸町立図書館をめぐる議論を見る限りでは、現今のビジネス支援サービスはこれまで行なわれてきたことと特に異なるところがない、これまでのサービスの繰り返しであるように見える。実際、「これまでだって産業界に貢献することは行なってきたではないか」という声があるようにも聞いている（例えば糸賀［2005：7］）。ビジネス支援サービスはこれまで行なわれてきた類似のサービスとどこが異なるのだろうか——これが論点の第一である。

第二の論点は第一の論点から派生する。文献としては少ないながらも、ビジネス支援サービスに対して批判的な意見は存在する。文献にはなっていないが、現場では「本当に意味のあるサービスなのか」という声があるようにも聞いている。もし仮に、ビジネス支援サービスが従来の同種のサービスの延長上にあるのであれば、こうした批判はビジネス支援サービスの登場以前から存在していたはずであるから、現在になってビジネス支援サービスに対する批判が登場したのだとすると、その批判は、第一の論点で検討したビジネス支援サービスの新たな特徴に向けられているはずである。

本節では、以上二つの論点について検討する。

3・1　ビジネス支援サービスの新たな特徴

ビジネス支援サービスの理念・意義と、その展開方法とに分けて検討する。

サービスの理念・意義

確かに、置戸報告書でも地域の産業への貢献がうたわれている。しかし、そうした方向づけはあくまでも図書館としてのサービスの方針であって、地域の具体的な政策課題と関係しているわけではない。これに対し、現在のビジネス支援サービスは、創業支援、起業支援といった政策課題と結びついて展開されている。「骨太の方針」といった国レベルの政策に盛り込まれているという点も、従来にはなかったことである。「地域の課題」と言ったときに、それは「地域の政策課題」とも置き換えうるという視点は、従来にはない発想であろう。

一方この点については、少しも新しくない、戦後の科学技術振興の中で県立図書館などが行なったことと同工異曲ではないか、との議論も成り立ちうる。これについて筆者はこれ以上の議論を検討する用意がない。そのためには、かつての活動の丹念な跡づけが必要であろう。ただ一点違うと思われる点を指摘するとすれば、公共図書館が市民にある程度定着した中で、次の展開を図るための戦略とされていることであろう。

また糸賀が述べている「図書館のイメージ戦略の一環」という位置づけも、従来とは異なっている、あるいは従来とは対立する考え方である。置戸の報告書が典型的に示しているように、これまでの「まちづくりに貢献する図書館」という考え方では、新しいサービスは貸出を中心とするそれまでのサービスを延長・発展させたところに構想されていた。したがって、まず取り組まれるべきは関連資料の充実であり、貸出を中心とした資料提供の充実・徹底だということになる。これに対しビジネス支援サービスは、こうした従来のサービスによって形成された「読書」「学習」のための図書館というイメージを変えるための戦略的なサービスとして位置づけられている。

サービスの展開方法

新しいビジネス支援サービスのもっとも目につく特徴は、他機関との連携である。従来のサービスでも連携が行なわれなかったわけではないが、ビジネス支援サービスでは連携はサービス展開の重要な鍵となっている。ビジネス支援サービスが地域の政策課題と結びついて展開することが可能となるのも、産業振興課や商工課などの政策立案・実施部門と連携するからである。

さらに、連携することによって、サービスの範囲が従来よりも広がっている。各種セミナーの開催や起業相談会などは、他機関・団体との連携があってこそはじめて企画できるのである。結果として、「ビジネス支援サービス」の名の下に、一方のはしには棚づくり、コーナーづくりを中核とする伝統的なサービスを提供する館があり、他方のはしにはセミナーや相談会など、これまでは図書館サービスとは考えられてこなかったようなものを中心に据える図書館があるというように、きわめて多様なサービス形態が包摂されることになった。

ビジネス支援サービスを推進する上で、ビジネス支援図書館推進協議会が果たしてきた役割にも注目する必要がある。シンポジウムの開催などのイベントのほかに、モデル事業の展開、ビジネス関係の基本資料リストの作成、研修会、調査研究活動や啓蒙活動などを通じて、公共図書館によるビジネス支援サービスの展開を強力に支援してきたし、また中心メンバーのマスコミ等への影響力によって、サービスが実際以上に注目されることとなったことにより、このサービスの公共図書館界や行政・マスコミ等への周知普及を助けてきた。協議会及びその中心メンバーの精力的な活動がなければ、ビジネス支援サービスがこれほどまでに注目され普及するようになったかは、大いに疑わしい。この点、こうした推進母体がなかった以前とは異なる。いや、以前はこうした団体を必要とするほどに、課題解決型のサービスの必要性が認識されていなかった、という方が正確かもしれない。

3・2　ビジネス支援サービスに対する批判

ビジネス支援サービスを批判する文献に、前川・石井［2006：207-208］と田井［2007：10］がある。また、細井正人［2007］も書評の中で、自身の立場はビジネス支援の取り上げ方に批判的であると記している。ここでは、これらの批判を検討する。

前川・石井はビジネス支援サービスに走る図書館を「時流に乗ろうとする図書館」と批判する。細井もまた、ビジネス支援サービスはトレンドのような取り上げられ方をしており、地に足がついていないと述べている。田井も同様に、「多くの市民が日常的にほんとうに求めているサービスに目を向けないで、流行のサービスを押しつけてみても」と述べている。「時流」「トレンド」「流行」が何を意味するのかは明確でないため、ここでは仮に「社会ではやっていること、図書館界で流行になっていること」ととると、これはある点ではビジネス支援サービスの特徴をとらえた批判である。すでに見たように、ビジネス支援サービスが時の政策課題に沿って図書館の重点サービスを展開しようとする試みであるとするならば、それは確かに時流に乗ろうとしていることになる。問題は、時流を捉えて政策課題へとまとめてゆくという行政ではふつうに行なわれているこうしたサービス計画の立案方式が、それだけでただちに退けられるべきことなのか、ということであろう。

また前川・石井はこうした態度の背後に「金をもうけたものが勝ちという風潮が透けて見える」としている。金をもうけること自体を卑しむような発言ではないはずなので、この発言は、婉曲に個人や企業による私的利益の追求を図書館が後押しすることの妥当性を問うていると解釈できる。これに対しては、1・2で紹介したビジネス支援サービスの意義に関する糸賀の主張、特に法規類の趣旨に沿っているという主張が対応することになろう。第二節で見たような公共図書館における産業・労働に対するサービスの歴史を振り返ってみると、私的利益の追求を理由にビジネス支援サービスの妥当性を問うことにはやや無理があるように思われる。

前川・石井は続けて「○○支援」という言葉は図書館がすべき枠を超えている、と批判している。これも他に説明がないので「図書館がすべき枠」の具体的内容は明らかでないが、貸出を中心とした資料提供こそが図書館がまず第一にすべきことだとしたら、セミナーや起業相談などに取り組むビジネス支援サービスは、それこそ本来のサービスを逸脱して余計なことに経営資源を振り向ける、悪しきサービスモデルだということになる。こうした批判の基底には、公共図書館は資料提供に徹すべきで、資料をどう役立たせるかは利用者に委ねるべきである、とする図書館観がある。資料提供を超えて市民社会の活動に直接関与するようなことは、図書館の力に余ることであり、それぞれの分野には専門家や担当機関があるのだから、「支援」はそうした機関に委ねればいいことで、図書館が資源を投入する領域ではない、というわけである。

しかし、この点についてサービス推進側は真っ向から対立するだろう。なぜなら、ビジネス支援サービスの推進側が考えているのは、新しいサービス形態の創出と、それによる新規顧客の開拓、およびリピーターの確保であるからだ（竹内比呂也ほか［2007：67-68］）。

あくまで、図書館の基本的なサービスの「貸出」を通じての結果としての「ビジネス支援」があるということなのだろうと理解している（細井正人［2007］）。

この言葉が語る立場は、置戸調査の報告書が表明していたものと基本的に同一である。誰に対しても求めに応じて資料・情報を提供するという立場に立脚してサービスの充実を図れば、結果として地域の実情に即した蔵書構成と、それによる適切な資料提供ができるようになるとする方向に対して、ビジネス支援サービスはターゲットを絞り、ニーズを掘り起こすようなサービス展開を構想する、という点で異なっている。

一方、ビジネス支援サービスは流行に乗っているだけで、利用者のニーズに基づくものではない、それが証拠に、使われていないではないか、という田井の批判（田井［2007：10］）についてはどうであろうか。

これ［引用者注――岡山市立図書館］と対照的なのがいま各地で流行の「ビジネス支援」のカウンターやフロアの風景である。訪ねてみると閑散として、職員に質問をしている人を見ることも、実際に職員が「支援」をしているところを見ることもほとんどない（田井［2007：10］）。

利用統計のたぐいが存在しないため、この批判が妥当かどうかは検証することができない。新規のサービスである分、ニーズを掘り起こすためにはよほどの注意深い努力が必要であるとは言えそうである。政策課題に沿って事業展開をする際の問題点がこの点にあることは間違いない。

最後に、日本の公共図書館にビジネス支援サービスを展開するだけの力が本当にあるのかという問いがある。これも前川・石井による問いである。

私が四〇年前に見た外国の大都市の主題別図書館の資料の質と量は、とても日本の図書館では太刀打ちできるようなものではなく、主題を専門にする職員もちゃんと配置していた。それを薄くまねをして看板を立てることは、利用者の失望感を生むだけだろう（前川・石井［2006：207］）。

これに対する答えは、成功し定着する事例を積み重ねることであろう。したがって、現状では答えはまだない。またこれはビジネス支援サービスの展開手法が潜在的に持っている危険性、すなわち政策課題を優先させた結果、利用者のニーズから遊離してしまうという田井が批判した危険性を指摘していると見ることもできる。

おわりに

本章で見てきたように、ビジネス支援サービスが従来のサービスと最も異なる点は、その計画立案の手法にあるように筆者には思われる。政策課題に沿ってビジネス支援サービスの課題を導き出し、サービスを組み立てて実施する。こうした行政の手法に近いやり方でサービスを企画・実施するところに、ビジネス支援サービスのユニークさがあり、その革新性が評価されるべきなのであろうが、同時にその点がサービスを展開する際の弱点となる可能性を生み出している。前節の批判に見るように、十分なニーズを掘り起こすことに失敗する危険性を持っている、という点である。

政策課題に沿ってサービスの展開を図る、というビジネス支援サービスの方法を補強するものが、他機関との連携という手法である。連携によって、図書館のサービスを他機関のサービスの中に位置づけ、行政施策の一環としての位置づけを行なうとともに、サービスをより効果的に実施するための体制を作り上げることができる。これは重要な論点になると考えるし、実際その重要性も繰り返し指摘されている（小林・網浜［2006］竹内比呂也ほか［2007：53–66］）が、その意義と役割に関する議論はあまり見出せなかった。今後の検討課題だろう。

ビジネス支援サービスをはじめとする「○○支援」のサービスは、図書館の現状を次のように改革することをめざす、図書館改革の方向を象徴するサービスとなっていると考えられる。

①読書のための施設（資料提供の場）から活動の場（課題解決の場）へ

公共図書館は、単なる資料提供の場ではなく、資料を使って市民が自らのさまざまな課題を解決する場となるべきである。課題は人々の活動の中から生まれるものであるから、課題解決の場となるということは、市民のさまざまな活動に積極的に関わってゆくことを意味している。

②役に立つ図書館へ

市民の活動に関与し、それを情報面で支援することにより、公共図書館は人々の役に立つ存在になる。消費的な読書の場となるだけでなく、生産的な読書の場ともなる、という転換であるとも言い換えることができよう。ビジネス支援は地域経済を活性化させるという意味で、役に立つ存在への転換を象徴的に示している。

③図書館員の専門性を示す

ビジネス支援などを行なうためには、図書館員は主題に関する知識、すなわち、ビジネスに関わる言説を的確に理解することと、主題に関する書誌的知識、すなわち、主題に関わる情報を的確に検索する知識とが要求される。この両者を備え、サービスに結び付ける技能は、きわめて専門性が高い。

このようにしてみると、「○○支援」という新しいサービスは、公共図書館にとって、これまでの「資料提供」と自己完結的な読書の場という存在であることを超えて、地域社会に役立つ情報提供の場であることを目指す、ある種のパラダイム転換の試みであり、ビジネス支援はそれを象徴的に示すサービスである、と位置づけることができる。ビジネス支援図書館推進協議会が活発な活動を展開しているのも、こうした図書館のパラダイム転換の象徴的活動として、変革を願う図書館員たちによって活動が担われているからであろう。

ビジネス支援サービスをはじめとする各種の支援サービスは、創業支援や子育て支援のように、現在の行政課題に密接に関連したサービスとして展開されているところに特色がある。言い換えれば、各種の支援サービスは、担当行政部門にとっても、施策推進のための工夫が求められるような課題に対する公共図書館からの提案、というかたちをとっているのである。新規に事業を企画するとき、特に外部との連携のもとに企画するときには、これはなかなかうまいやり方である。行政支援などはもっと直接に、行政諸部門に直接役に立つことをめざしている。公共図書館と行政課題との結びつきというのは、現在の公共図書館からはなかなかイメージしにくいという問題はあるものの、サービスに対するニーズ自体は十分に予測することができる。

しかし、このようなやり方はいくつかの問題をはらんでいる。一つは、資料提供を軸にした図書館内部のサービス展開の方向と、このやり方は対立する。新しいサービスには、これまでのサービスの展開方法に対する批判という面もあるため、この対立は容易に解けそうにない。

いま一つは、サービスを展開するためのモデルがまだ存在しないことで、投入すべき資源や展開方法については、まだ各館がそれぞれに経験を積んでいる段階だと考えられる。そのため、3・2で取り上げた批判の通り、十分な展開を見せないまま、一時の流行に終わる危険性は今日なお残っている。

この点に関し、サービスの推進母体として、ビジネス支援図書館推進協議会は各館がサービスを展開する際に必要なツール類を提供し、職員を研修し、また情報交換の場を提供するなど、サービスの発展に大きな役割を果たしてきており、今後の活動方向がビジネス支援サービスの展開に与える影響も大きい。またサービスの展開手法として、他機関との連携が重要な役割を担っていることが指摘されている。ビジネス支援サービスが発展を続けるためには、こうした推進母体のあり方とサービスの展開方法についてもさらに検討を進めることが求められる。

第三章　図書館サービスへの課金

鈴木　宏宗・渡邉　斉志

はじめに

図書館利用者で公立図書館を利用するのに料金がかかるということを思い描く人はほとんどいないであろう。図書館を利用するにあたって料金が課されずに無料であるということは、現在ではあまりにもあたりまえなイメージとなっている。しかし、図書館法（一九五〇年）が公布されるまで、図書館令（一八九九年、一九三三年改正）は閲覧料の徴収を認めており、多くの公立図書館ではいくらかの入館料をとっていた。逆に無料であるほうが珍しかったとさえいえる。その影響はかなり後にまで及び、文献への記載は見つけられなかったが、一九八〇年代くらいまで、利用料金の問い合わせを受けたという話はときどき耳にした。

だが、それも今では遠い過去のこととなった。「公立図書館は、入館料その他図書館資料の利用に対するいかなる対価をも徴収してはならない」と対価徴収を否定した図書館法第一七条の規定の下で、図書館サービスが無料である状態は現在にいたるまで半世紀を越えて続き、無料制の本家本元であるはずの英国のサンドラ・パーカーをして、図書だけでなくCDやビデオの貸出も無料であり延滞料すら徴収していないことを驚かせるほど（Parker［2005］）、無料制は定着している。

以下でみるように、図書館法を制定する際には、図書館の有料制を容認するか・無料制を明記するかについてさまざまな議論が交わされた。また、一九五〇年代後半に図書館法改正論議が持ち上がった時には、改正点の一つとして有料制の導入が言及されたこともある。しかし、改正論議が一段落してからは、有料制そのものについて議論されることはなくなった。有料制や有料制を容認する意見については、海外における事例紹介が行なわれることはあっても、わが国の公立図書館界の課題として話題にのぼることはほとんどなく、図書館法の改正が論じられる際には、もっぱら第一七条の意義が確認されてきたのである。

ところが、一九九〇年代後半ごろから、有料の図書館サービスを容認してもよいのではないかという考え方が表明されるようになった。もちろん、無料制を否定するものではなく、有料制を一定の範囲で容認すべきだという議論である。

こうした主張は、インターネットの普及という社会状況の変化と図書館サービス自体の発展などを背景として起こってきたものであり、それだけに「図書館サービスとは何であるか」という根本的な問いかけを内包していると言えるだろう。そこで、本章ではまず、有料制の是非をめぐる一九九〇年代後半の論議の経過を記した後に、図書館法の制定まで立ち返って有料制に関する主張を概観し、さらに複写料金などを含めた広義の有料制についても論点を整理する。そして、再び一九九〇年代後半の論争に戻り、有料制を容認する意見とそれに対する反応を基に、公立図書館界の思想的視座を読み解くことを試みる。

なお、無料制が問題になるのはもっぱら図書館法に言う公立図書館であり、課金が法的に容認されている私立図書館や図書館同種施設では、有料・無料はそもそも問題になり得ない。そこで、本章では「公立図書館」の語を統一して用いることにする。

1 議論の経過

一九九八年三月の生涯学習審議会の「社会の変化に対応した今後の社会教育行政の在り方について」(中間まとめ)(同年九月に同内容の答申。以下、それぞれ「中間まとめ」「答申」という)は、図書館における有料制を容認しようとするものだとして図書館関係者に大きな驚きを与えた。

そこでは、「第3章　社会教育行政の今後の展開」の「第1節　地方分権と住民参加の推進」中の「1　地方公共団体の自主的な取組の促進」の「(2)社会教育施設の運営等の弾力化」において、「図書館サービスの多様化・高度化と負担の在り方」として、図書館の提供するサービスについて受益者に一定の負担を求めることの検討も必要であり、無料以外の選択肢もありえると提言されている。つまり、高度なサービスを実現し多様性を確保するためには、図書館における課金は容認されうるという内容を含んでいたのである。

さらに、同年一〇月に生涯学習審議会社会教育分科審議会計画部会図書館専門委員会がまとめた「図書館の情報化の必要性とその推進方策について—地域の情報化推進拠点として—報告」（1998.10.27）（以下「報告書」という）では、外部情報源へのアクセスは図書館法第一七条にいう「図書館資料の利用」にあたらないとの見解が示され、同条の条文を改めることなく対価を徴収することが可能であり、実際に対価を徴収するか否かは図書館の設置者である地方公共団体の裁量とすることが提言されている。

「報告書」では、提言部分の「(5)図書館サービスの多様化・高度化と負担の在り方」において、図書館法第一七条の「公立図書館は、入館料その他図書館資料の利用に対するいかなる対価をも徴収してはならない。」という条文の解釈が行われている。

ここにいう「図書館資料」とは、図書館法第三条及び平成四年五月の生涯学習審議会図書館専門委員会報告「公立図書館の設置及び運営に関する基準について」などを勘案すれば、通常、図書館によって主体的に選択、収集、整理、保存され、地域住民の利用に供されている資料を指すと考えられる。したがって、図書館においてインターネットや商用オンラインデータベースといった外部の情報源へアクセスしてその情報を利用することは、図書館法第一七条にいう「図書館資料の利用」には当たらないと考えるのが妥当である。

そして、それに続けて、コピーサービスについて利用者への対価徴収が行なわれてきたことも「図書館資料の利用」を越えるサービスと考えられてきたことによると指摘した上で、以下のように提言している。

このような観点から、電子化情報サービスに伴う通信料金やデータベース使用料などの対価徴収については、それぞれのサービスの態様に即して、図書館の設置者である地方公共団体の自主的な裁量に委ねられるべき問題と思われる。

以上のことにかんがみ、公立図書館における新しい電子化情報サービスとの関係においては、図書館法第一七条を上記の方向で解釈・運用していくことが適当である。

こうして公立図書館における課金を容認する見解が報告に書き込まれたわけであるが、その理由を公立図書館界に説明する役を一手に引き受けたのは、図書館専門委員会に委員として参加していた糸賀雅児であった。

糸賀は、この報告の趣旨を、①ネットワーク系のメディアを図書館資料の範囲外とすること、②ネットワーク系のメディアは積極的に導入すべきであること、③ネットワーク系のメディアを導入した場合にデータベース使用料を利用者から徴収するか否かは図書館の設置者である地方公共団体の裁量にまかせるべき事柄であること、と説明している（糸賀［1998］）。そして、公立図書館の費用負担のあり方について、①従来の閲覧・貸出は限りなくゼロに近い追加費用でサービスを増やすことができるのに対し、ネットワーク系メディアの提供は可変費用の増加額が無視できないこと、②商用オンラインサービスは市場の成立しているサービスであり、そこに地方自治体が租税で費用をまかなう形で参入することは正当化しにくいため、ネットワーク系メディアの提供に要する追加費用を利用者に負担させることはやむをえないこと、しかしながら、無料原則については図書館法第一七条をそのまま残したことでその根幹は維持されること、を強調した（糸賀［1999a］［1999b］）。

このような図書館における課金を容認する見解に対しては、日本図書館協会が「報告書」に先立つ一九九八年九月に、たとえ部分的であるとはいえ受益者負担を導入すべきではないとして反対を表明したほか（図書館雑誌［1998］）、『みんなの図書館』「特集　無料の原則と「電子化資料」の導入について」（一九九八年一二月）、『図書館雑誌』「小特集　図書館の無料原則を考える――電子情報の利用」（一九九九年二月）、『図書館界』「糸賀提言に応える」（一九九九年一一月）と相次いで雑誌で企画された特集では、有料制に否定的な意見が大勢を占めた。

その後、糸賀が委員として再度参加した文部省（当時）の地域電子図書館構想検討協力者会議によって二〇〇〇年に発表された報告「二〇〇五年の図書館像」（二〇〇〇年一二月）では、図書館における有料制の容認について次のような指摘がなされている。

外部情報の提供に伴って発生する費用負担については、図書館専門委員会報告において、その提供に伴う対価徴収は自治体の裁量に委ねられるべき問題とされたところであるが、例えば、他の図書館等と共同でコンソーシアム等を作り外部の商用オンラインデータベースの一括契約を行う等の方法により、安価・定額となる努力を払い、地域住民（利用者）に対しては無料で提供するなどの方策も考えられる。対価徴収については、いずれにせよ、公立図書館の利用者であると同時に各地方自治体の政策を決定する主体である住民の意思に基づくべきである。なお、いわゆるパッケージ型のデジタル資料を含む「図書館資料」については、図書館法第一七条において「いかなる対価をも徴収してはならない」と規定されていることに改めて留意することが必要であろう（文部省地域電子図書館構想検討協力者会議［2000：33］）。

このように、有料制容認の是非については一九九〇年代末から活発に議論されたが、具体的に課金を行なった事例は報告されていない模様である。

また、上記の流れとの関連性は定かでないが、埼玉県草加市は二〇〇二年一〇月、構造改革特区として図書の「有償貸出」を提案した。しかし、文部科学省はこれに対して否定的見解を示し（図書館雑誌［2002d：853］）、結果として草加市はこの制度の導入を見送っている。

2　無料原則の背景

本節では、公立図書館の無料原則に関連して提起された主張を時間軸にそって見てゆく。「はじめに」で触れたように、公立図書館の無料制については現行の図書館法の制定にまでさかのぼることができる。同法第一七条の規定により図書館の利用にかかる対価の不徴収が制度化されたが、これはアメリカによる占領政策の影響が大きいと考えられている。

図書館法の制定以前は、図書館令に利用料の徴収を認める規定が置かれており（第七条の条文は「公立図書館ニ於テハ図書閲覧料ヲ徴収スルコトヲ得」というものであり、同令が一九三三年に改正された後の第一三条の条文は「公立図書館ニ於テハ図書閲覧料又ハ附帯施設ノ使用料ヲ徴収スルコトヲ得」というものであった）、入館料の徴収が可能であった。したがって、図書館法制定時に無料原則が採用されたのは、占領下における民主化政策と、当時、占領軍のCIE図書館が無料かつ開架で図書館活動を行なっていたことなどが相まって作用した結果と見るのが妥当であろう。

図書館法によって無料原則が確立されて以降は、図書館の利用に対する課金の是非は、主に同法の改正運動と関連して以下のように言及されている。

2・1　一九五〇年代の図書館法改正運動と無料原則

図書館法の制定から数年を経た一九五三年、『図書館雑誌』四七巻三号において図書館法改正についての特集が組まれており、そこでは第一七条に関連した意見も述べられている。編集委員会は「図書館法改正のために」のなかで、無料原則については慎重に論議を重ねて結論を出すべきであり、第一七条の条文を現行どおりのままとする場合でも、施設の一部を貸す場合は有料とすることが可能かどうかをもっと明確にすべきであると指摘している。また、廿日出逸暁は「図書館法は改正すべきか」で、公共性と無料公開の原則は必ずしも一致しなくてもよいとし、各館の自由に託し弾力性のある条文に改正すべきであるとして、無料公開の原則廃棄を掲げている（廿日出［1953］）。

『図書館雑誌』には、同年の五月号にも図書館法改正についての意見が掲載されている。志智嘉九郎は、アメリカと日本は違うこと、納税者のすべてが利用者ではないこと、経費が足りないことなどに触れ、入館料によって館費の増額が見込め、それによって利用者へのサービス改善向上ができるなら入館料を徴収し得るように改めてみてはどうかと述べている（志智［1953］）。一方、土井六郎は、図書館の公共性が重視されなければならないことは当然であり、したがって一般大衆に広く利用してもらうために、そして利用者から気軽に利用されるために無料公開の原則は守られなければならないとして、無料制を支持する見解を述べている（土井［1953］）。

さらに後年、一九五八年二月の『図書館雑誌』「特集　図書館法改正案について」では、渋谷国忠が、図書館法は、「国庫補助奉仕基準無料公開」の三者の「関連結合によって筋金がはいってくる」ものであり、第三条の図書館奉仕と結びつけて無料公開制を規定すべきであると主張している（渋谷［1958］）。

このように、一九五〇年代は、図書館法の下で無料原則が採用されていたが、有料制を容認する意見も表明されていた時期であった。

2・2　無料原則の定着

一九六〇年代に入り図書館法改正の動きが一段落すると、同法第　七条の改正についても言及されることはほとんどなくなっていった。

公立図書館の活動に大きな影響をあたえた『中小都市における公共図書館の運営』（中小レポート）（日本図書館協会［1963］）や『市民の図書館』（日本図書館協会［1970］）では有料制については触れら

れておらず、無料原則は当然のこととされている。この時代になってようやく戦前の思想の影響が相当程度弱まったということであろう。また、公立図書館の教育的役割や無料原則の所得再分配機能についての理解が進んだことや、右肩上がりの経済成長に伴う税収の増加により租税負担による公共サービス拡大の素地が整っていったことも、無料原則の定着を後押ししたと考えられる。そのような中、有料制についての意見は散発的に提起されているものの（森田［1973］）、直ちに反駁が加えられている（小口ほか［1974］）。代わって、小倉親雄（小倉［1965］）や森耕一（森［1966］）により、英米の近代「パブリック・ライブラリー」に関する史的考察に基づいて、無料原則が近代公立図書館制度を構成する重要な原則であることが指摘された。

2・3　有料制論議の台頭

一九八〇年代になると、日本の図書館関係者が先進的事例として参照することの多いアメリカでの動向として、行政改革の機運の高まりを背景とした有料制論議の台頭についての紹介が行なわれた（川崎［1983］［1984a］［1984b］［1984c］［1984d］）。

この時期、大学図書館や専門図書館では図書館サービスのツールとしてオンライン・データベースが導入され始めており、これに課金するか否かは重要なイシューであった。しかし、当時、公立図書館関係者の大半はそのような問題についてはさしたる関心を示していなかったように見受けられる。日本でも、一九八〇年代後半には行政改革が叫ばれるようになり、図書館における課金・有料制についての関心が高まりつつあったとはいえ（糸賀ほか［1986］）、未だ重要な問題との認識が共有されるほどではなかったのである。

一九九〇年代に入ると、行政改革に加えて地方分権の推進という社会的変化も公立図書館に影響を及ぼすようになり、そのような流れの中で、図書館における有料制の容認を求める意見が現れてきた。

むろん、有料制を容認する風潮に対しては批判的な発言もなされており、それまでも図書館関係者に大きな影響を与えてきた前川恒雄や森耕一が、前者は公立図書館の本質に照らして、後者は図書館法の規定の遵守という立場から、それぞれ無料原則の堅持を訴えている（前川［1990］）（森［1990］）。

しかし、一九九〇年代後半に入り、電子資料の急速な増大、地方公共団体の緊縮財政、図書館における多様なサービスへの要求といった状況の変化を背景に、有料制の是非が正面から議論されることとなった。前節で紹介した一九九八年の「報告書」や「中間まとめ」がそれである。

また、第一章でふれた林望の「図書館は「無料貸本屋」か」がきっかけとなって、公立図書館が貸出至上主義に陥っているのではないかという「図書館＝無料貸本屋」批判が作家や出版社の一部から行なわれるようになったことも、公立図書館が無料でサービスを提供していることに改めて目を向けさせるきっかけとなった。

さらに、根拠は曖昧ながらも、図書館でサービスの代価を徴収してもよいのではないかという発言も行なわれている（相賀［2002］）。

3　主要な論点

前節では、有料制に関する主張を時間的な流れに沿って追ったが、本節では、課金・有料制に対する賛否の双方について、論点ごとに瞥見する。ただし、一九五〇年代の図書館法改正運動に関連したものは省いている。

また、図書館において利用者が費用を負担することを広くとらえ、複写料金や図書館施設の利用にかかる料金徴収についての議論にも触れることとする。

3・1　無料制の堅持

図書館の法的な位置づけに関連づけて無料原則を主張しているものに、森耕一と稗貫俊文の著述がある。

森は「『無償の公教育と同一の原則』というだけでは、公立図書館の無料制の根拠としては、薄弱なように思われる」「『知る権利』は生存権にかかわる問題である」との見方を示している（森［1990：204］）。

稗貫俊文は、図書館法を解説している中で、「無料制は、憲法で定められる住民の学習権の充足のために価値適合的なものということができ、今後とも維持されるべき」であるが、「無料制は憲法上の義務とまでいうことはできない。無料制はあくまでも立法政策上の選択である」「『……いかなる対価をも』とは、いかなる範囲を指すのか」「図書館法三条に例示される図書館奉仕の項目が、その主たる範囲を示していると解するのが自然である。他方、それ以外の特殊なサービスは……受益者負担の原則によるべきものと考えるべきであろう」「（引用者注――一七条が問題化するとしたら）図書館法一七条の規定の範囲に関するこのような議論は、おそらく、公立図書館のサービスが充実した段階において現実的な問題となるであろう」と指摘している（稗貫［1986：304］）。

一方、前川恒雄は、利用者は無料だから心おきなく本を借りることができること、医療や水道と異なり図書館サービスはその使用を奨励すべきものであることなどを指摘し、無料であることの意義を説いている（前川［1990］）。

一九九八年の「報告書」等への反応　一九九八年の「中間まとめ」「答申」「報告書」に反応する形で表明された無料制堅持論は多数存在する。

日本図書館協会は、「中間まとめ」に対し、公立図書館のサービスは誰もが制約なく受けられるべきものであり、安易に受益者負担の考えを導入すべきでないとして、オンライン情報源への課金に反対の立場を表明した。

佐々木順二は、「答申」に対し、無料公開は図書館の自由の根幹ともいえるものであるとして、税により図書館を運営することの重要性を指摘し（佐々木［1998］）、さらに、有料化せずに電子情報を利用できるような方策を検討する必要があることや、情報弱者の発生を阻止することの意義などについて「報告書」に盛り込むべきであると主張した（佐々木［1999］）。

河田隆は、「卑しい図書館になってはいけない」として、無料原則こそ公立図書館の本旨であるという心情を吐露している（河田［1998］）。

西野一夫は、アメリカやカナダの例を紹介したうえで、「図書館の利用が何故無料なのか、を広く当局側と住民とに知らせることは勿論であるが、利用者である住民へのサービス拡大への飽くなき執念を燃やし実行することであり、その中での罰則の強化や一部サービスの有料化は住民の納得できる根拠と方法でよくよく注意深く行う必要がある」と主張した（西野［1998］）。

本多光明は、公立図書館の情報化や電子情報の必要性を認め、経費や人材の問題に触れた上で、有料化問題については安易に結論を出すべきではないと述べている（本多［1999］）。

山口源治郎は、図書館法第一七条の条文に照らすと、ネットワーク系メディアを図書館資料から除外することには疑義が残るとして、図書館法そのものの理念である無料制を切り崩されるのではないかという懸念を表明している（山口［1999］）。さらに、ネットワーク系メディアは図書館資料から除外されるので対価徴収が可能であるとする第一七条の解釈は、財政難にあえぐ地方自治体の政策を特定の方向へ誘導することになりかねないとして危惧の念を示す（山口［2001］）。

前田章夫は、「報告書」が「無料原則」が不動のものではないことを知らしめた影響は予想以上に大きいとして、様々な理由をつけて料金（複写料金、講演会、会議室使用料等）を徴収している現状について改めて検証する必要があると主張している。また、公立図書館だから無料なのではなく、公立図書館としての機能を果たすからこそ無料なのであり、無料である理由が説明されなければならないと述べる（前田章夫［2000］）。

中澤徹也は、八ヶ岳大泉図書館におけるマルチメディア・コーナーでの経験を踏まえて、今後の図書館運営にとってはメディアの高度化・多様化が重要になってくるであろうと指摘しつつも、ネットワーク系メディアを図書館資料の利用に当らないとみなすことについては疑義を呈している（中澤［1999a］）。

岸本岳文は、有料制論議が沈静化した後に、発展途上の公立図書館が多く、あるべき図書館像を体験しないままに地域住民が自己決定を迫られてしまうことの問題性を指摘する（岸本［2000］）。

山重壮一は、図書館サービスは、その働きすべてが公共財として存在するものであり、無料であるべきだと述べる（山重［2001］）。

3・2　有料制容認論

一九九〇年代初頭に瀬島健二郎は、無料原則に固執するあまりに有料制がタブーとなってしまい、そのことにより利用の拡大を妨げているのではないかと述べている（瀬島［1991］）。

大谷康晴は、公立図書館のみについて言及したものではないが、図書館における課金方針と、それに付随する諸問題を考察したうえで、課金が政策的な問題であることを指摘している（大谷［1997］）。

糸賀雅児は、前述したように「報告書」を策定した図書館専門委員会のメンバーであったという経緯もあり、有料制容認論の趣旨についてたびたび発言している。それによれば、無料原則を維持しつつ情報化を推進するために、さしあたり図書館法第一七条の条文には手をつけず、ネットワーク系メディアの利用は「図書館資料の利用」には当らないとし、すでに有料でサービスを行なっている複写物の提供と整合性を保ちつつ、各自治体の判断に委ねる、というのが「報告書」の趣旨であり（糸賀

［1998］）、その考え方は、ネットワーク系メディアは紙媒体をはじめとするパッケージ系のメディアとは異なり、図書館が主体的に収集保存するものではなく、それゆえ図書館法の無料原則の適用対象たる図書館資料ではないと考えるのが妥当であること、従量制の料金体系を持つオンライン情報源の場合にはその費用負担が相当な額になるおそれがあること、オンライン情報源についてはすでに民間の流通市場が形成されているため、公立図書館がそれを無料で提供すると市場の機能を損なうおそれがあること等に立脚するものであるとされている（糸賀［1999a］［1999b］［2000］）。

3・3　無料原則の適用範囲

ここでは、「図書館資料の利用」にかかるもの以外の課金についての主張を概観する。

一九八〇年代半ばに糸賀雅児と中川佳子によって料金徴収が政策課題であることが指摘されているが（糸賀ほか［1986］）、その後を受けて何らかのアクションが起こされた形跡は見られない。そのため、以下のように、図書館法を解釈する際に言及されるにとどまっている。

複写料金　森耕一は「利用者が図書館資料の一部のコピーを入手して、自らの所有とする場合、コピーは、（借用ではなく）利用者の所有に帰するので、この場合にはコピーの作製に要した実費を徴収しても、それは第一七条違反ではない」としている（森［1990：205］岸本［2001］）。

ちなみに、実際にも公立図書館で複写は有料であるのがふつうであることについては、断るまでもないだろう。

データベース使用料　データベース使用料について、森は①目録・書誌類は無料、②抄録やドキュメントは五分以内に限り料金免除（IFLAの「公共図書館のガイドフイン」に依拠）、端末での画面表示は無料、コピーは実費、という案を出している（森［1990］）。

ただし、次節でも触れるように、一九九〇年代末においても公立図書館ではオンライン情報源の導入がほとんどなされていなかったことを考えれば、森の提案は、オンライン情報源の導入が現実的な課題として広く認識される以前になされていたとみることができよう。

図書の搬送・相互貸借の費用　森は、同一自治体の図書館間における資料の搬送の場合とは異なり、自治体間で資料を貸借する際には郵送料程度の負担を利用者が行なっているのではないかとの見方を示したうえで、しかしながらこうした費用は徐々に図書館に負担させるような制度を構築してゆくことが望ましいとしている。また、利用者負担が通例となっている身体障害者向け貸出資料の返送料は、それがただちに図書館法第一七条に違反するとは言いがたいものの、可能であれば往復とも図書館が負担することが望ましいと述べている（森［1990］）。

また、岸本岳文も、図書館の相互貸借にかかる利用者の費用負担は最小にすべきであるとする（岸本［2001］）。

施設利用料　森は、図書館法第三条（図書館奉仕）に規定されている図書館活動に関わりがある限り各種の団体や組織への施設の提供は無料であることが望ましいが、目的外使用に対しては料金を徴収しても差し支えないとしている（森［1990］岸本［2001］）。

延滞料　『中小レポート』や『市民の図書館』では、延滞料（貸出期間内に返却しなかった場合に課せられるペナルティ）について、事務作業が煩雑となるうえ延滞抑止効果も低いので徴収すべきではないと記す。

また、岸本も、図書館法第一七条に違反するわけではないが、事務の煩雑等を考慮して慎重な対応が必要であるとしている（岸本［2001］）。

一方、津野海太郎は、借りていた図書を紛失した際には、現物による弁済でなく金銭による弁償の方が合理的であると述べている（津野［2000］）。

小川俊彦も、公立図書館において紛失が多発している現状に照らせば、弁償金の使途や金銭出納の問題など諸々の事柄を勘案したとしても延滞料を徴収すべきだと主張する（小川俊彦［2000a］［2000b］）。

課金に対する利用者の反応について　図書館で利用者から金銭を徴収することは利用者に受け入れられるか否かという点については、二〇〇〇年に『図書館の学校』誌上で、図書館関係者とそれ以外の者との間で〈図書館をめぐる往復書簡〉と題する意見交換が行なわれた。そこでは、田口久美子が「書店からの発想」として「ジャンル別図書館と利用資格のない人への経費の有料化」を提案しているのを受けて（田口［2000］）、小林弘宜が「住民以外の人たちに「利用負担金」を求めても納得してもらえるのではないか」と述べる（小林弘宜［2000a］）。

4　有料制をめぐる議論の構造

前節まででは、有料制に関するこれまでの主張を概観し、そこに現れた論点を個別に紹介した。本節では、一九九八年の「中間まとめ」「答申」「報告書」をめぐって展開された有料制反対論と容認論のそれぞれについて、その現代的な意味を明らかにすることを目的として、論点の整理を試みる。

4・1　有料制反対論

公立図書館のサービスの対価を利用者から徴収するか否かという問題は、サービスの提供に要する費用を税金で賄うのか（租税負担）、あるいは利用者から徴収するのか（受益者負担）という観点から捉えなおすことで、その構造を読み解くことができると思われる。

まず、受益者負担制度を導入するためには、そもそも、受益者負担が可能でなければならない。例えば、外交や国防のようにそのサービスの受益者を特定することができない場合には受益者負担を採用することができないのに対し、病院での受診や体育館の利用のように受益者が特定できる場合には受益者負担が可能である。公共経済学の用語を用いて表現するならば、当該サービスが純粋公共財ではなく私的財（ないしは準公共財）であることが受益者負担の前提である、ということになる。

そして、実際に受益者負担を採用した場合には、需要抑制効果が発生する。これは、無料であればそのサービスを受けるが、料金を支払ってまでは利用しないという人が存在するという意味である。有料のゴミ袋の使用を義務付けることでゴミの発生を抑制するという施策などはその一例であろう。

次に、こうした考え方を図書館サービスにあてはめてみる。

図書館のサービスを閲覧、貸出、複写といった現象面から見れば、受益者を特定することができる。したがって、理論的には、受益者負担を採用することは可能である。また、ある自治体の全住民が図書館の利用者であるとは考えにくいから、公平性を保つという点のみに着目するならば、租税負担より受益者負担の方が適当であると考えることもできる。

しかし、図書館サービスによってもたらされる便益は、必ずしも図書館を利用する者のみが享受するものではない。図書館の利用を通じて読書に親しんだり、様々な情報を得て活動したりする住民が増えれば増えるほど、社会全体が成熟することが期待されるからである。このことは、二〇〇五年に制定された「文字・活字文化振興法」が、文字・活字文化が人間性の涵養や健全な民主主義の発達に欠くことのできないものであると謳ったうえで、その振興手段のひとつとして公立図書館を位置づけていることからも明らかであろう。

つまり、図書館資料の利用は「サービスの形態としては受益者負担が可能であるが、対価徴収が法律によって禁じられている」ということになるわけであるが、この事実は、公立図書館のサービスが、「図書館の利用者」という狭い範囲にとどまらず、社会全体に便益をもたらすものとして捉えられていること、すなわち、図書館サービスには外部経済性があるとみなされていることを意味している。

このような理解に基づけば、図書館サービスへの受益者負担の導入は弊害をもたらすものだということになる。受益者負担にすれば需要が抑制され、それにより、図書館サービスによってもたらされる外部経済性も低下してしまうおそれがあるからである。

図書館サービスの有料化に反対する主張の構造は、概ね以上のように理解することができよう。

4・2　有料制容認論

それでは、一九九八年から二〇〇〇年にかけて行なわれた有料制論争（3・1参照）は、図書館史上どのように位置づけられるべきだろうか。

第一節で紹介したように、有料制をめぐる最近の論争の発端は、「報告書」がオンライン情報源については図書館法が定める無料原則が適用されず、その提供に課金するか否かは各自治体が決めるべきであるとしたことにある。そしてその後、「報告書」の作成に携わった糸賀雅児が見解を表明し（糸賀［1999a］）、オンライン情報源は紙媒体をはじめとするパッケージ系のメディアとは性格が異なること、それゆえオンライン情報源は図書館法の無料原則の適用対象ではないと考えるのが妥当であること、オンライン情報源についてはすでに流通市場が形成されており、公立図書館がそれを無料で提供すると市場を撹乱するおそれがあることなどを論じている。

このような形で論点が示されたこともあり、図書館界では「報告書」の公表以降に戦わされた議論は、有料制の是非を争点とするものであったと理解されていたふしがある。

だが、果たしてそのような理解は適切であろうか。

「報告書」は、「図書館の新しい役割」と題する項目において、情報流通が爆発的に増大していること、その一方で情報格差が存在しており、それによって平等が損なわれるおそれがあること、したがって図書館を地域の情報拠点とすることには意義があること、などを指摘している。これを見れば、委員会の関心が、単にオンライン情報源の提供を有料化することにではなく、無料原則が公立図書館によるオンライン情報源の導入を妨げないようにすることに向けられていたのは明らかだろう。

「報告書」が提出された一九九〇年代後半には、すでにビジネスや学術研究の場においては商用データベースの利用はごくあたりまえのように行なわれており、インターネットを用いた情報収集も相当程度に普及していた。しかし、当時、有料データベースを利用者に提供していた公立図書館は、都道府県立図書館でも五%、市町村立図書館では一%未満にとどまっていた（文部省生涯学習局学習情報課［1999］）。そのため、公立図書館がオンライン情報源とは無縁の存在となり、ひいてはその存在価値が低下することが懸念されていたのである。

4・3　意見対立の構図

このように考えれば、有料制反対論と有料制容認論の間には、実はそれほど大きな隔たりはなかったということになる。前者は、図書館の外部経済性を保つためには利用の減少を回避しなければならず、だからこそ無料原則を徹底すべきだというものであったのに対し、後者は、図書館の外部経済性を高めるためにはオンライン情報にまで守備範囲を拡大する必要があり、その妨げとなる限りにおいて無料原則を制限することもやむなしというものであった。つまり、無料原則も有料制も、図書館の存在価値を高めるという目的を実現するための手段にすぎず、有料制反対論者と有料制容認論者は、その目的においては必ずしも対立していなかったからである。

それでは、なぜ上述したような論争が生じたのであろうか。これについては、少なくとも二つの要因が作用していたと推測される。

ひとつは、公立図書館のサービスは無料であるべきだとする原理的な思考法の存在である。図書館法の成立から五〇年を経て、無料原則は、少なくとも図書館関係者の間では既に定着している。そのため、図書館サービスに課金するなどということは論外であるとして言下にこれを否定する論者がいたであろうことは容易に想像できる。

もうひとつは、なし崩し的に有料制が拡大することに対する懸念である。当時、有料データベースを利用者に提供していた公立図書館はごくわずかであったから、それに対する課金を認めること自体は、ほとんどの図書館にとっては既存のサービス体制の大幅な変更をもたらすような深刻なものではなかったはずである。しかし方が一、閲覧や貸出にまで有料制が拡大すれば、それは、図書館サービスに対する利用の減少をもたらすことになる。それゆえ、たとえオンライン情報源のみを対象とした部分的なものであれ、有料制の導入は課金対象拡大への端緒を開きかねないものとして警戒を呼んだはずである（山口［1999］）。

おわりに

有料制容認論者と目されていた糸賀もその後、オンライン情報であっても、図書館が負担する使用料が定額制であれば利用者には無料で提供すべきであると主張しており（糸賀［1999a］）、図書館法第一七条の無料原則を積極的に評価していることがすでに明らかとなっている。そのため、少なくとも今後しばらくの間は、有料制の是非をめぐる論争が再燃するとは考えにくい。結局のところ、一九九〇年代後半の有料制をめぐる意見対立も、図書館の存在価値を高めるための方法論の相違に根ざしていたにすぎず、それが有料制の全面解禁に対する危機感を刺激したことにより論争に発展し、さらに、図書館法の危機であるという感情的な表現での意見表明がなされたことでエスカレートしたにすぎなかったものと思われる。

だが、図書館界は、そのような見解の一致をもって手放しで喜んでよいのだろうか。

第四節でとりあげた論争は、オンライン情報源についての課金容認が規定路線になったという点においては有料制容認論者が「勝者」であり、課金が閲覧や貸出には拡大されないことが確認されたという点においては無料原則堅持論者もまた「勝者」であったという意味で、図書館界には「敗者」が生まれないという喜ばしい結果に終わったことになる。

しかし、インターネット端末を利用者に開放する図書館こそ増えているものの、オンライン情報源（特に有料データベース）の導入は依然として遅々として進んでいない。そのため、閲覧や貸出のような伝統的サービスに目を向ける限りは図書館の外部経済性は維持されているように見えるが、次の時代に向けた公立図書館の情報化は、大学図書館ほどには進んでいない。課金をめぐる議論が、例えばビジネス支援サービス等に関する議論と結びついて、提供すべき資料・情報、サービスを見直すことにはつながらなかったのである。

確かに、有料サービスの提供が増えることになれば、公立図書館は今までとは比べものにならないほどシビアに評価されることになるし、その存在意義も改めて問い直されることになるだろう。例えば、東京・六本木のアカデミーヒルズでは有料制の会員制図書館がサービスを提供しているが、こうした施設と公立図書館との差異をどこに求めるべきなのかという問いかけは、課金の有無が公立図書館と図書館同種施設とを区別する絶対的な指標ではないということになれば、従来以上の鋭さをもって図書館界に迫ってくるに違いない。また、対価徴収をもっぱら意図して利用者の行動を考慮しない、安易な有料サービスの提供では、使われないサービスを増やすばかりとなる恐れがあることにも留意する必要があるだろう。

思えば、課金をめぐる議論が広がりを見せないまま、双方の「勝利」のうちに収束したことは、公立図書館にとって不幸なことだったのかもしれない。なぜなら、無料原則を支える図書館サービスの外部経済性について、社会的コンセンサスが得られているという保証はどこにもないからだ。第一章の議論を見ても、公立図書館サービスが有益であるという一般的な認識は存在するのだろうが、それはただちに、社会的な合意として資料の利用に関わるあらゆるサービスの無料を保証することにはつながらない。つまり、図書館サービスが発展を続けるならば、いつか再び課金をめぐる議論が起こる可能性は十分にあるということである。

だとすると、おそらく今後は、課金の是非をめぐって原理的な議論を戦わせることよりは、公立図書館が社会的に有為な存在として認められるためにはいかなるサービスを提供し、どのサービスを有料とし、どのサービスを無料とすべきなのか、といったことこそが論じられざるを得なくなるものと予想されるのである。

第四章　司書職制度の限界

渡邉　斉志

はじめに

図書館関係者によってしばしば表明される見解のひとつに、「司書は専門職である」「図書館には専門職制度が必要である」といった職員制度に関するものがある。だが、法律上は、とりたててこのような主張を行なうまでもなく、司書は専門的事務を行なう専門的職員として明確に位置づけられている。図書館法（昭和二五年法律第一一八号）は、公共図書館の職員制度について、第四条で「図書館に置かれる専門的職員を司書及び司書補と称する」と定め、同条の2で「司書は、図書館の専門的事務に従事する」としているからである。

他方、図書館関係者はいわゆる「司書職制度」の確立を求める主張を永年にわたって続けてきた（日本図書館協会図書館員の問題調査研究委員会［1976］）。

司書職制度とは、日本図書館協会図書館員の問題調査研究委員会によれば、以下の要件を満たすものだとされる（日本図書館協会図書館員の問題調査研究委員会［1984］）。

・自治体毎に司書有資格者の採用制度が確立されていること
・本人の意志を無視した他職種への配転が行われないこと
・一定の経験年数と能力査定（昇任試験）のもとに司書独自の昇進の道が開かれていること
・館長および他の司書業務の役職者も原則として司書有資格者であること
・自主研修の必要性が確認され、個人・集団の双方にわたり研修制度が確立していること
・司書その他の職員の適正数配置の基準が設けられていること

しかし、実際には、司書職制度という語は、様々な理解を許容する曖昧なものとして人口に膾炙している。例えば、語義に忠実に従うならば、司書とは司書の職名を与えられた者を指す。したがって、この定義に基づくならば、司書職制度とは司書の職名が設けられていることを前提として成り立つ制度だということになる（前川［1995］）。

他方で、より緩やかな要件を想定した理解がなされることも少なくない。例えば日本図書館協会は、司書職制度の要件として以下の三点を挙げているが（日本図書館協会図書館政策特別委員会［2000：64］）、これらはいずれも先に掲げた六項目に包摂されており、広義の司書職制度を表現したものだと言える。

・司書（司書補）資格を持つ者を、公開公募によって採用する
・司書（司書補）は、本人の同意によるほかは他職種へ異動されない
・司書（司書補）には、昇任の機会が適正に与えられる

このように見てくると、司書職制度の特徴が、採用、配転、昇任といった人事政策上の特権ないしは配慮にあることは明白である。そして、そのように捉えれば、本章冒頭で紹介したような職員制度に関する主張が繰り返されてきたという事実も説明することができる。つまり、図書館関係者は、図書館法における職員に関する規制を不十分だと考え、特に自治体における運用において明確な規定と一層の規制強化を求めてきたが、その要求が実現に至ることは少なく、結果として、同じような主張を永きにわたって続けてきた、ということである。

そこで、本章ではこのような認識を出発点として、図書館関係者が司書職制度の実現にどのように取り組んできたのか、そしてそれによって何がもたらされてきたのかを、主として公共図書館員の「専門性」に言及した議論を整理することによって明らかにすることを目標とする。

1　専門性と専門職性

1・1　職務の専門性

手段としての専門性　上述したように、司書職制度は人事上の特権を特徴としている。そして、その実現のために図書館関係者によってしばしば引用されてきたのが「専門性」という概念である。図書館法は、司書を専門的職員と位置づけるとともに、司書になるための要件として、司書講習の修了ないし、大学等における専門的科目の履修を定めている。この専門的知識の習得と、それに立脚して行なわれる職務の専門性こそが、司書という職種の独自性のメルクマールであると考えられたのである。したがってその背景には、司書有資格者でなければ専門的職務を遂行することができないか、あるいは少なくとも、司書有資格者は彼ら以外の者には代替不能な職務を行ないうるという確信と、司書有資格者は専門的職務を遂行するための知識を彼ら以外の者よりも有しているという暗黙の了解とが存在していたと考えられる(1)。

職務分析　職務の専門性を根拠として司書が専門的職員であることを示そうとする試みは、早くから行なわれていた。一九六八年に、全国国立大学図書館長会議は、大学図書館に専門的職員としての司書の配置を図るため、図書館の職務を細分化し、そのそれぞれの専門性について分析を行なっている（全国国立大学図書館長会議［1968］）。この分析でいう司書とは、大学図書館の専門的職員であり、公共図書館の司書とは法的な根拠を別にするものであることは言うまでもない。しかし、この職務分析は公共図書館にも影響を与え、同じく一九六八年に提出された東京都立日比谷図書館に関する答申では、この分析への言及がなされている（東京都立日比谷図書館協議会［1968］）。

図書館業務の職務分析の歴史は古い。アメリカにおいては、すでに二〇世紀前半には職階制のツールとして職務分析が行なわれている（大庭［1994］［1996］）。職階制とは、経営能率の向上や恣意的な人事の排除等を目的としたいわゆる科学的人事管理の一手法で、アメリカにおいて発達を見た制度であり、職種ごとに職務を分析し、それぞれの職務を難易度・専門性等によって階層化したうえで、職員を能力に応じた階層に帰属せしめるのが基本的なスタイルである。これを逆方向から捉えると、能力に応じた人事配置を可能にするためには職務の難易度・専門性等があらかじめ明らかにされていなければならないということになる。したがって、職階制は前段階として職務分析を必要とする。

日本でも、「国家公務員法」(昭和二二年法律第一二〇号)に職階制についての規定が設けられ(第二九条~第三二条)、これに基づき、一九五〇年には「国家公務員の職階制に関する法律」(昭和二五年法律第一八〇号)が制定されている。だが、様々な要因により現在まで実施に至っておらず、それは地方公務員についても同様である。(2) そのため、日本では、国と地方のいかんを問わず、図書館職員を対象とした職階制のための職務分析は行なわれていない。

それでも、一九五〇年の文部事務次官通牒「司書及び司書補の職務内容」では、司書と司書補の職務分析が行なわれている。この通牒は、図書館の職務を司書の職務と司書補の職務とに分類しており、しかも、両者への職務の振り分けの基準が概ね専門性を基準にして行なわれている点で、実質的な職務区分表と呼べるものとなっている(大庭[1998])。職務区分表とは、職務分析によって得られた結果を基に、職務を階層化された一連の職群に対応させたものである。

ところが、上述した一九六八年の東京都立日比谷図書館の職員制度に関する答申以降、職務分析への関心は薄れてゆく。その転機となったのが、一九七四年に日本図書館協会によって作成された報告書である(日本図書館協会図書館員の問題調査研究委員会[1974])。

1・2 「司書＝専門職」論

「図書館員の専門性とは何か（最終報告）」

日本図書館協会図書館員の問題調査研究委員会は、専門職としての司書職制度を確立するために、図書館員の専門性を明らかにすることを目的として、一九七〇年に日本図書館協会の中に設置された組織である。(3) 司書は専門職を目指すべきであるとする主張はこれ以前にも存在していたが（室伏［1965］）、日本の図書館関係者が大々的にこの課題に取り組んだのはこの委員会が嚆矢であった。

同委員会は、当初から明確に専門職を念頭に置いて検討を行なっていたものと考えられるが、ここで注意すべきは、専門職は単なる「専門的な職員」ではないということである。専門職の定義は様々であり、論者によってその意味するところは異なるが、(4) 司書職制度要求論が盛んに唱えられるようになった一九六〇～七〇年代の社会学の研究動向及び図書館関係者の発言を踏まえるならば、(5) 差し当たり英語の profession に相当するものと見なすことができよう（裏田［1966］）。

いかなる理由で「司書は専門職である」というテーゼが唱えられるようになったのかは定かでないが、図書館法第四条の「図書館に置かれる専門的職員を司書及び司書補と称する」という規定が、用語において「専門職」を類推させやすかったことは指摘しておく必要があろう。ただ、同条第二項が「司書は、図書館の専門的事務に従事する」と定めていることから、ここでいう専門的職員とは専門的職務に従事する職員と解すべきであり、専門職とは異なる概念であることは、強調しておく必要がある。

「図書館員の専門性とは何か（最終報告）」（以下、「最終報告」という）は、一九七〇年の第一次報告、一九七一年の第二次報告、一九七二年の第三次報告の後を受けて策定されたものである（日本図書館協会図書館員の問題調査研究委員会［1970］［1971］［1972］）。しかし、そこでは、同委員会が専門的だと思料する職務が例示されているだけである。しかも、図書館の機能のうち、様々な図書館（公共図書館、大学図書館、学校図書館、国立国会図書館）に適用可能なものを専門性の根拠としたため、あらゆる種類の図書館に司書職制度を導入すべきであると主張する際に参照可能ではあるものの、記述が抽象化し、公共図書館の専門的職務は十分に分析されていない（薬袋［1994a］［1994b］［1995a］［1995b］）。そしてなにより、専門職を意識していたにもかかわらず、その要件を満たしているかどうかについては十分に論証されていない。したがって、最終報告は、司書の専門職性を示すことを目標としながらも、それを十分には達成し得ず、さらに職務の専門性を明確にすることにも成功していないと見るのが妥当であろう。

それにもかかわらず、「司書は専門職である」というテーゼは生き続け、これ以降、司書職制度要求論は司書が専門職であることを意識したものになってゆく。しかし、司書が専門職であるとの主張には、相当の疑義がある。そこで以下では、専門職の要件としてしばしば数えられる、体系的知識、同職者団体、職務の性質を例にとり、図書館員の専門職性が示されてこなかったことを明らかにする。(6)

専門職の要件――体系的知識　専門職は、部外者からは窺い知ることのできない体系的な知識を独占し、そうして自らが提供するサービスの秘儀性を保つことで自律性を維持・拡大する――これは専門職理解のひとつの典型である。体系的な専門的知識の存在が専門職の基本的な要件にしばしば数えられるゆえんである。

これに対し、図書館員は、たとえ専門職になることを望んでも、体系的知識が欠如していると社会から見られているために、専門職とはなりえない職業だと論じたのはアメリカの社会学者グードであった（Goode［1977：1982］）。グードの指摘は四〇年以上も前になされたものでもあり、その妥当性についての断定的な結論は留保しなければなるまい。しかし、図書館情報学の知識を生産するメイン・プレーヤーであるはずの図書館情報学研究者の生産性については、その低さが指摘されて久しい（根本［2001］松岡［1996］薬袋［1998：155］）。このような状況の下では、仮に優れた研究が行なわれたとしても散発にとどまり、体系化へと進むのは困難であろう。(7) そして、図書館情報学の学問性を確固たるものにしようとする試みは枚挙に暇がないが（例えば菊地［1954］加藤［1982］）、このような試みが繰り返されていること自体が、図書館情報学の確立が未だしとみなされていることの証左であると言えよう。

いずれにせよ、体系的な知識の存在という点で、司書が専門職の条件を満たしていると社会に認めさせることに成功してきたことを裏付ける証拠は、少なくとも日本においては乏しいと言わざるを得ない。

専門職の要件——同職者団体　同職者団体の存在も、しばしば専門職の要件に数えられる。これは以下のように理解することができよう。すなわち、専門職は、自律性、高収入、当該職業に就くための養成への関与等、いくつかの特権を享受するが、これらの特権を与えられることについて社会の理解を得るためには、自らを厳しく律することが求められる。そして、それを実際に保証する機能を同職者団体が担っているものと考えられるのである。

したがって、専門職における同職者団体の意義は、倫理規範の策定及びその遵守強制と対をなすものとして捉えられる場合が多い。

日本の公共図書館関係者の間にも複数の同職者団体が存在するが、中でも最大の組織が日本図書館協会である。そして、日本図書館協会も、こうした専門職における同職者団体の意義をよく理解していたと考えられる。

それは、同協会が、一九八〇年に図書館員の倫理綱領を策定したことから見てとれる。図書館員の倫理綱領は、上述した最終報告ですでに提案されている。そこでは「この倫理綱領は専門職が確立してからではなく、それをめざすためにこそ必要なものである」(最終報告「V 倫理綱領」)と述べられており、倫理綱領は「司書は専門職である」というテーゼを補強するための手段として明確に意識されていた。つまり、日本図書館協会は、最終報告で職務の専門性を明らかにし、続いて同職者団体による倫理綱領の策定を行なうことで、司書に専門職としての体裁を整えようとしていたのである。

だが、日本図書館協会は、同職者団体としては根本的な問題を抱えている。すなわち、加入強制と懲戒手続の欠如である(根本[2003:8])。

加入強制とは、当該職種に属する者はすべて特定の同職者団体に加入しなければならないという強制力を持った規定であり、弁護士における弁護士法が代表的な例とされている。(8) 加入強制については、図書館関係者の中にもその必要性を訴える者が数多く存在しているが(武田英治[1988] 横山[1991:305])、現在に至るまで実現を見ていない。また、懲戒手続とは、同職者団体の定める規定に違反した構成員に対し懲罰を加えることを定めた規定である。同職者団体は、加入強制と懲戒手続とを一体的に運用することによって同職者の統制を十全に行なうことができるわけである。

しかるに、日本図書館協会は、司書有資格者の加入強制に関する規定を有しておらず、同職者の自己規制を担保する仕組みとしては不完全である。しかも、任意加入の会員に対してすら懲戒手続を定めていない。そのため、図書館員の倫理綱領も、司書有資格者全体に対する強制力を持つことができないばかりか、日本図書館協会の会員に対しても、その遵守については各会員の良心に期待することしかできない(9)。

専門職の要件——職務の性質　司書が専門職になるために越えなければならない最も高いハードルは、その職務の性質と射程に関する問題である。これは、専門職の要件としては公共奉仕への志向といった観点から説明されることもあるが、この点においても、司書は専門職へのパスポートを手にすることはできていないと考えられる。

〔公共性〕　公共図書館の大多数を占める公立図書館は、地方公共団体が設置する機関であるから、その公共性に疑いを挟む余地はないような印象さえ与える。また、図書館法第一七条の「公立図書館は、入館料その他図書館資料の利用に対するいかなる対価をも徴収してはならない」という規定も、公立図書館の公共性から導き出されるものだと解されている（西崎［1950］）。しかし、公立であることや対価不徴収であることをもってただちに司書が専門職の要件を満たすと考えることは、疑義無しとは言えない。

これは、以下のような推論に基づく。

まず、公立の機関が私立の機関と競合・並存している例は、病院、学校、美術館等、枚挙に暇がない。そして、こうした競合・並存関係は、これらの機関の公共性が、「公立」であることにではなく、そのサービスの性質に求められなければならないことを意味する。同様に、これらの機関で働く職員の職務の公共性も、「公立」の機関の職員であるだけで十分に証明されるわけではなく、その職務の性質そのものによって検証されなければならない。

次に、第三章でも論じた対価不徴収についてであるが、同第三節で紹介した稗貫のように、無料制はあくまでも立法政策上の選択であり、公立図書館のサービスが充実した段階では、受益者負担は問題となりうる、という見解がある。つまり、対価不徴収は確かに公共性を一定程度担保するものではあるが、政策上の選択であってみれば、普遍的に成立するものではなく、問題化する契機は存在している、と見るべきであろう(10)。

したがって、公立図書館は、高い公共性を備えた機関ではあるが、その公共性は所与のものではないし、「公立」や「対価不徴収」であることから一義的に導き出されるものでもない。そして、このことは、公立図書館の職員たる司書の職務の公共性にもあてはまる。それは議論の場にさらされる可能性を内在しているのである。したがって、司書の職務の専門職性は、その公共性によって明らかにされていると断定することはできないことになる。

〔有害性〕　グードは、先に引用した文献で、図書館員が専門職になりえない本質的な理由として、その職務が、運用次第で社会に害をなしうるものではないことを指摘している（Goode［1977：1982：541-542］）。この点について、司書を医師や弁護士等の古典的専門職に比肩するものだと論じることが困難だという想念は、半ば直感的に得ることができるものだと言えよう。

しかし、ここにも司書職制度要求論がもたらした構造的な問題を看取することができる。上述したように、日本図書館協会が「専門職としての司書」という概念の下で司書職制度の実現に取り組み始めた一九七〇年前後を境に、職務分析は行なわれなくなっている。このことは、一九七〇年代から一九八〇年代にかけて、日本図書館協会が最終報告や倫理綱領の策定に力を注いだことによってもたらされたものと思われる。

このような目標の変更は、同時に進行した図書館サービスの硬直的なとらえ方とあいまって、職務に対する見方の固定化をもたらした。公共図書館がどのような奉仕を行なうべきかは外的な因子によって変動する。例えば、根本彰は、『市民の図書館』（日本図書館協会［1970］）が掲げた「貸出しに重点を置いた奉仕」という理念について、それが市民の支持を獲得するための戦略だったと指摘している（根本［2002：46］）。つまり、貸出重視という理念は、当時の社会状況と適合していたがゆえに人々に受けいれられ、一定の成果を収めることができたのである。

ところが、一九七〇年代以降、職務分析が行なわれなくなったことで、図書館の職務の相対化・再評価への誘引は弱まり、それと対をなすように、公共図書館関係者が時代に適合したサービスのあり方を提言する機会は減少してゆく。

一例を挙げる。

一九八〇年代以降、公立図書館の管理委託構想がたびたび表面化した。これは、地方公共団体の財政事情の悪化を直接の契機としていたというのが定説であるが、公立図書館の事務が公権力の行使にあたらないと見なされたために生じたものでもあった（委託については、本書第五章を参照）。この点については、すでに一九九三年に憲法学者の堀部政男が、アクセス権の保障を公立図書館の機能に位置づけることで管理委託は行なわれえなくなるとの見解を示している（「公立図書館の管理委託を考える」実行委員会［1994：25-32］）。だが、こうした指摘は、図書館関係者の間では、わずかな例外（塩見ほか［2001：123-124］）を除けばほとんど顧みられてはいない。[11]

このように見てくると、司書の職務の専門職性が論証されていないという事態には、二つの側面があることがわかる。

ひとつは、アプローチの妥当性の問題である。一九七四年の最終報告策定当時、日本図書館協会図書館員の問題調査研究委員会の委員であり、一九七五年から同委員会の委員長を務めた久保輝巳は、差し当たり司書は専門職ではなく準専門職でよく、専門職を目指すのは司書職制度が確立されてからでよいとの見解を示している（久保［1983：59］）。しかし、同委員会は司書職制度確立のために司書の専門職性を明確化しようとしたのであり、久保の言とは目的と手段が逆である。どちらが正確に事態を表現しているのかは定かでないが、いずれにせよ、「専門職としての司書」というテーゼを掲げたのはなぜなのか、また、そのようなテーゼを掲げることは司書職制度実現のためのアプローチとして適切だったのか、検証が待たれる。

いまひとつは、公共図書館の職務の硬直化である。本来、司書の専門職性を示すことを目指すのであれば、職務のあり方こそが最も重視されるべきファクターのはずである。にもかかわらず、既存の職務を所与のものとして受け入れる一方で、専門職に値する職務とは何なのかが十分に明らかにされてはこなかった。

こうした「既存の職務」の例としては、貸出しに関わる職務を挙げることができるだろう。図書館関係者の一部には、貸出しこそが公共図書館の中心的な業務であるという考え方が存在する。そのため、「専門性」の文脈で貸出しを論じた文献も少なくない。しかし、それらはいずれも貸出しという業務に専門的職務としての要素が含まれていることを論じたものであり（薬袋［1995c］田井［2001］）、その意味で、本来次項で述べる職務分析の再評価というパラダイムの中に位置づけられるべきものである。それに対し、専門職の職務として社会的に認知されるか否かという観点から貸出しを論じたものは見られない。つまり、司書の職務の中心に貸出しを据えることが「司書＝専門職」論にとってどのような意味を持つのかが批判的に検証されてきた形跡は見られない。[12] このことは、貸出しという職務の意義は別として、司書が専門職として認知されることを目指すという動機とは非整合的である。

1・3　職務分析の再評価

すでに一九七〇年代には高度成長が終焉し、地方公共団体の財政事情の悪化が始まっているが、こうしたマクロの変化に対し、公立図書館も傍観者でいることはできず、委託（管理委託、一般事務委託）や非正規職員の導入を余儀なくされるといった形で影響を受けるようになっていったことは周知の事実である。

一方、司書職制度要求論は、その頃、理論的な閉塞状態に陥っていたと見ることができるだろう。前項で見たように、司書が専門職であることを示そうとする試みは目覚しい成果を挙げるには至らず、そうかと言って、それに代わる理論的基盤を構築することができていたわけでもないからである。

そして日本図書館協会も、一九八七年に策定した「公立図書館の任務と目標」においては、「司書=専門職」というテーゼを放棄している（日本図書館協会図書館政策特別委員会［1989］）。同書は「専門職制度」の必要性を主張しているが、「専門職」の特徴を以下のように説明している。

・図書館がなにをすべきかについて、信念をもっている。
・本が好きで、本を知っている。
・本を読む人の心がわかり、本を読む人をふやし本を読む人を助ける仕事に情熱をもっている。
・図書館運営の技術について一定水準以上の知識をもっている。

一見してわかるように、これらはいずれも専門職（profession）の要件とは全く異なるものである。いかなる理由で日本図書館協会の内部で「専門職」概念の変化が生じたのかは明らかでないが、管見の限り、これ以降日本図書館協会が司書を専門職として位置づけていることを示す文献は見られない。(13)

このような状況下で発表されたのが、大庭一郎の一連の著作である。大庭は、一九九四年以降立て続けに職務分析に関する論考を著しているが、一九九八年には、日本の公共図書館の職務分析についても論じている（大庭［1998］）。この論文は、多くの公共図書館では司書がすべての図書館業務に従事しているが、本来、司書は、図書館法では専門的職員と位置づけられ、文部事務次官通牒「司書と司書補の業務内容」では専門的職務に従事することが明確に示されていたことに光をあてたものである。

これに先立ち、司書が非専門的職務に従事することの問題点を指摘していたのは薬袋秀樹であった。薬袋は、司書が専門的職務だけでなく非専門的職務も行なうことは、専門的職員としての司書の社会的評価を失墜させるものであるとの認識の下に、司書は専門的職務に専念すべきだと主張した（薬袋［1996］）。大庭の論考は、薬袋のこうした主張が法的な根拠に基づくものであることを示すものであった。

大庭による職務分析の再評価は、結果として、「司書＝専門職」論の破綻以降手詰まりに陥っていた司書職制度要求論にひとつの方向性を示したと言うことができる。図書館問題研究会は、一九九八年以降、司書の専門性確立を日的として職務分析の策定を行なっているし、日本図書館協会専門性の確立と強化を目指す研修事業検討ワーキンググループ(14)は、より高度な専門的知識を有する職員を養成する研修のために職務分析を行なっている（大庭［2002］）。後者は、より高度な知識を身につけた専門的職員の名称の付与について生涯学習審議会社会教育分科審議会から構想を提起されたのを契機として策定されたものであり、司書職制度の確立を直接の目的としたものではない。しかし「より高度な知識を身につけた専門的職員」とは、司書の上部に位置する専門的職員を想定したものであり、広義の司書職制度の範疇に属するものと考えられる。

ただし、このように近年盛んに行なわれた職務分析ではあるが、それがどのような成果をもたらし、そして今後もたらしうるのかを現時点で正確に見通すことは難しい。というのも、「司書＝専門職」論は、その成否は別として、司書の社会的地位の向上という目標に直結したものであることが明らかであったのに対し、職務分析を通じた職務の専門性の明確化という手法は、それ自体は価値中立的であり、いかようにも用いることができるからである。

また、仮に、職務分析を用いたアプローチが、「司書＝専門職」論と同様に、司書の社会的地位の向上を企図して用いられたのだとしても、その目標が容易に達成されるとは想像し難い。それは、この三〇年の間に司書をとりまく環境が激変していることからも容易に想像できる。司書の社会的評価は低下し（薬袋［1996］鬼倉［2000］）、その一方で公共図書館以外の機関が行なう情報・資料提供サービスは飛躍的に拡大している。しかも、指定管理者制度の創設等により、司書の図書館業務への関与の仕方自体が大きく変化しつつある。職務の専門性の明確化が即座に司書職制度の実現に結びつくと期待することは、あまりにも楽観的であると言わざるを得ないだろう。

そもそも、職務分析という手法の有効性が普遍的なものではないことも指摘しておく必要があろう。日本の公共図書館における職務分析の嚆矢ともいえる文部事務次官通牒は一九九八年に廃止されているし、また、空文化している職階制自体も、公務員制度改革の中で廃止の方向で検討が進められている。

さらに、職務分析の現代的な意義が実はあまり顧みられていないことも、職務分析を用いるというトレンドの帰結を不透明なものにしている。本来、職務分析とは、図書館に関する専門的知識を有する人材がどの職務に対してどの程度必要なのかを判断するための指標を作る作業であった。したがって、それは、現在のように、非正規職員や委託組織が図書館における職務のかなりの部分を担っている状況においては、正規職員と非正規職員・委託機関との間の職務の切分けに活用してこそ、その効果を最大限に発揮するはずである。しかし、図書館関係者が職務分析をこのように用いた例は見当たらない。つまり、職務分析は、今日的意義から見るとその効果を十分に挙げることができない形で受容されてしまったのである。

1・4　司書職制度要求論の「失敗」

図書館関係者は、当初、職務の専門性を根拠に司書職制度の必要性を主張した。この時点においては、図書館法の規定の延長線上での主張が行なわれていたのである。ところが、日本図書館協会は、一九七四年の最終報告以降、専門職概念に依拠することで司書職制度を実現しようとした。そのためのステップが、最終報告とそれに続く倫理綱領の策定であった。しかし、こうした努力は、体系的知識、同職者団体、職務の性質といった専門職の要件を図書館員が満たしていることを示せず、「失敗」に終わる。そればかりか、この「失敗」は、職務の硬直化という負の遺産も生み出してしまう。その後、こうした状況を打開するために、職務分析の再評価が行なわれた。これは、「司書＝専門職」論の陥穽から脱する契機となりうるものであった。しかし、この間に司書の評価は既に低下してしまっていたし、職務分析も十分に活用されなかった。

現在までの事態の推移を概観すると、概ね以上のようになるだろう。

そして、こうした現状認識に基づくならば、司書職制度要求論には、図書館奉仕の改善とは別に、もうひとつの前提が存在していることが明らかとなってくる。すなわち、「司書＝正規職員」というテーゼである。

このテーゼは、図書館関係者の間から、職務分析よりも司書職制度の確立が先決であるという主張が提起されたことに端的に表れている。なぜなら、司書の職務の専門性を明らかにすることは、非専門的職務の存在を白日の下に曝さずにはおかないし、専門性を基準とした職務の分離は、非専門的な職務を含む職務――例えば貸出作業を含む貸出業務――を細分化することになる。しかも、そうなった場合、司書が専門的職務に専念することになれば、非専門的職務には司書以外のものが従事することになる。司書以外のものとしては、司書以外の正規職員、非正規職員（臨時的任用職員、非常勤職員）、受託機関などが考えられるが、いずれにせよこうした（正規職員としての）司書とは異なる者が図書館の固有の職務に従事することは、公共図書館における司書の地位の相対化を意味するし、そもそも貸出業務こそが公共図書館の中心的な業務だと考える立場からすれば容認しがたい。したがって、職務分析、及びそれによる専門的職務と非専門性職務の分離は、「司書＝正規職員」という司書職制度の前提を揺るがせる限りにおいて望ましくないということになるからである。

このように、職務分析に対する図書館関係者の姿勢は、司書職制度を考える上では示唆に富んでいる。図書館関係者の間では、少なくとも表面上は、司書職制度は、人事上の特権を求めるものではあるが、職員の処遇向上を直接の目的としているわけではないと考えられてきた。それは、あくまでも図書館奉仕の向上のために図書館に司書有資格者を配置することを主眼とするものであって、司書有資格者が図書館以外の部署に配置される事例、図書館に司書有資格者を全く配置しない事例、図書館に司書有資格者以外の職員をも配置する事例等は、図書館奉仕発展の阻害要因として批判の対象とされたのである。[15]

しかし、司書職制度についてのこうした捉え方は、果たして妥当なものなのであろうか。歴史を紐解けば、司書職制度の確立が処遇改善に有効な手段だとみなす論調も過去には存在していたのであり、司書職制度要求論とは、必ずしも図書館奉仕の向上のみを目指す思想だったわけではない（薬師院[2000]）。また、司書職制度が図書館奉仕の向上のみを目的としているという言説の虚構性は、図書館関係者が、一時、「司書＝専門職」というテーゼに執着を見せたことによっても説明することができる。なぜなら、専門職として社会的に認知されることへの欲求は、一般に、より高い社会的地位、より高い報酬、そしてより高い職務上の自律性といった、それ自体としては、高度な奉仕とは別個の利益の実現を図ろうとする動機に基づくと考えられるからである。

したがって、ここでは以下のような仮説を立てることができよう。すなわち、司書職制度要求論は、図書館奉仕の向上という顧客本位の動機を掲げてきたが、そこには、司書有資格者に公共図書館（なかんずく公立図書館）での就労機会を用意し、かつ、そのポストをできるだけ高待遇のものにするという別の動機も随伴していた、という見方である。

そこで次節では、正規職員としての司書以外のもの、特に非正規職員、委託、指定管理者制度などが司書職制度に与えるインパクトを概観することによって、司書職制度要求論の本質を探ることにする。

2 司書の雇用形態と司書職制度

非正規職員及び委託は、公立図書館においてすでに広く活用されている。また、平成一五年の「地方自治法の一部を改正する法律」（平成一五年法律第八一号）により、いわゆる指定管理者制度が導入され、指定した民間業者等に公の施設の管理を行なわせることが解禁となった。図書館関係者からは、これらに反対する見解が数多く提起される一方、少ないながら賛同する意見も存在する。本節では、こうした問題に関する言説のうち、主に「専門性」に言及したものを整理することで、司書職制度という概念がどのような挑戦を受けているのかを明らかにする。

結論を先取りするならば、論点整理の結果、司書職制度には本章の冒頭で行なった定義には収まらない意味が付与されていることが明らかとなる。そして、それゆえ司書職制度の実現は一層困難であると言わざるを得ないことが示される。

2・1 図書館関係者の反応

非正規職員反対論　図書館関係者からは、一部の例外を除けば（薬袋［1986］）、法的な問題ではなく、非正規職員の処遇の悪さを理由にして、主として実務担当者らによって非正規職員の活用に批判が加えられてきた（みんなの図書館［1987］松井［1993］日本図書館協会図書館員の問題調査研究委員会非正規職員実態調査ワーキンググループ［1993］図書館雑誌［1994］）。[16]

確かに、従事する事務が実質的に同じであるにもかかわらず処遇が著しく異なる場合、その格差が正規職員と非正規職員の別に基づくものであるならば、同一価値労働同一賃金の観点から問題なしとは言えないとの見方もできる[17]。こうした場合、正規職員が執るべき事務に非正規職員が従事している事態は、速やかに解消することが望ましい。したがって、非正規職員の活用に対する批判には一定の論拠がある。ただし、これがただちに全員の正規職員化を意味するのでないことはもちろんである。全員の非正規職員化ということもあり得るのであり、実際現実に進行しているのはこちらの方向であるように見える。

これに関連して、非正規職員の正規職員化を求める主張には、図書館員の専門的能力と関連づけた、次のような説明も存在する。すなわち、非正規職員は処遇が悪いため職に定着しにくく、それゆえ質の高い労働力とはならない、というものである。

確かに、実務経験を通じて図書館員の能力が向上する蓋然性は高いため、勤続年数と能力の間には一定の相関関係が見られるであろうことは十分に予想される。しかし、この主張は、司書職制度自身に刃を向ける危険性を内包している。なぜなら、職員の職務遂行能力は職務を通じて体得されるものであるとして実務経験を強調する一方で、大学等における司書養成が不十分であることを言外に認めてしまうことになるため、現行の司書資格の価値を減じさせ、司書の社会的評価を低下させずにはおかないからである。たとえ現行司書資格の取得要件を満たす知識・技術水準が低いことが周知の事実だったとしても、そのことを前提として論を展開した時点で、司書資格に立脚した司書職制度の確立を要求する主張は——司書職制度の根幹を知識・技術の専門性に見出そうとする限りにおいて——自壊する。

また、司書職制度が司書を他職種へ異動させないこと、司書に昇任の機会を与えること等をその要件としていることを想起すれば、以下のような推論も可能である。すなわち、公立図書館における非正規職員の活用は、公立図書館職員に占める正規職員数の減少に繋がりかねない。そして、それは司書有資格者が正規職員——という安定し、相対的に高い処遇を得られる身分——として図書館の職務に従事する機会の減少を意味する。それゆえ、非正規職員の活用は容認できない、というものである。

この推論は仮説の域を出ない。だが、前節で見たようにかつて司書職制度要求論は司書を専門職とすることを目指していたわけであるが、一般に専門職化を希求する動機のひとつに、報酬の向上が数えられることを想起すれば、この推論を言下に否定することは妥当とは言えまい。あるいは、外部からそのように推論される可能性をはらんでいるのである。

日本図書館協会が毎年刊行している『日本の図書館』に掲載された数値を基に算出すると、公共図書館職員に占める臨時職員・非常勤職員の割合は、一九七一年の七・四%から二〇〇五年には四八・一%に増加している（図4-1）。この間、公共図書館の数も職員数も飛躍的に増加したため、司書有資格者である正規職員の数もある時期までは増加を続けていたが、同じく『日本の図書館』の数値によれば、近年、司書有資格者である正規職員の数は減少に転じている（図4-2）。したがって、司書有資格者が公共図書館で「正規職員として」勤務することを望む者にとっては、憂慮すべき事態が到来しているのである。

もちろん、すべての図書館関係者が非正規職員の活用を原理的に否定しているわけではない。例え

図4-1　臨時職員・非常勤職員の割合

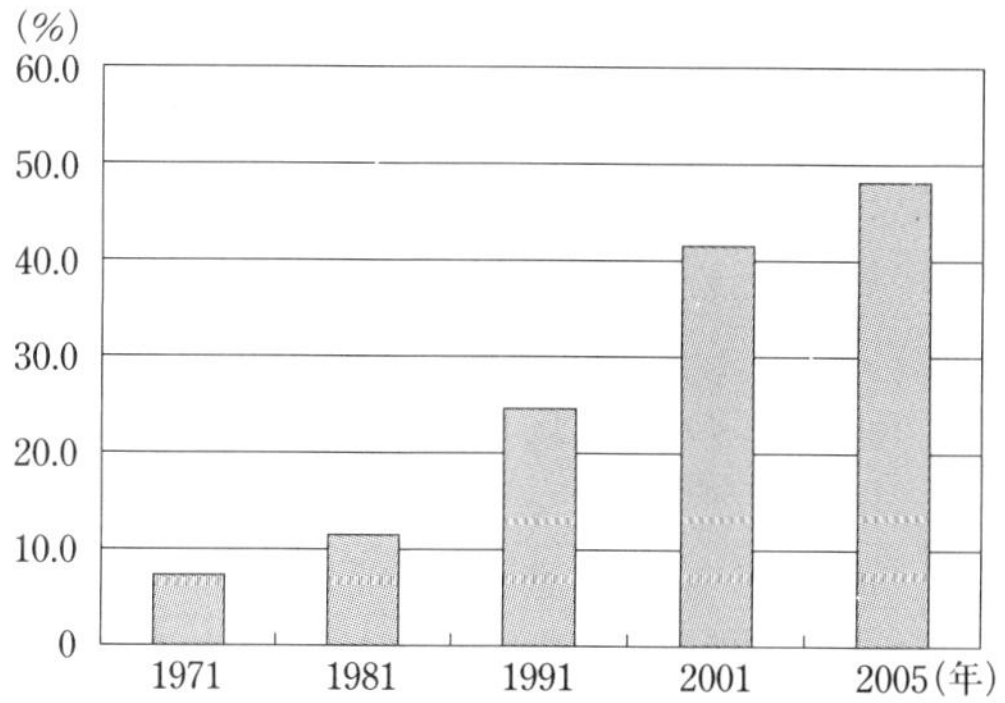

『日本の図書館』日本図書館協会　各年版をもとに算出

図4-2　司書有資格者の正規職員数

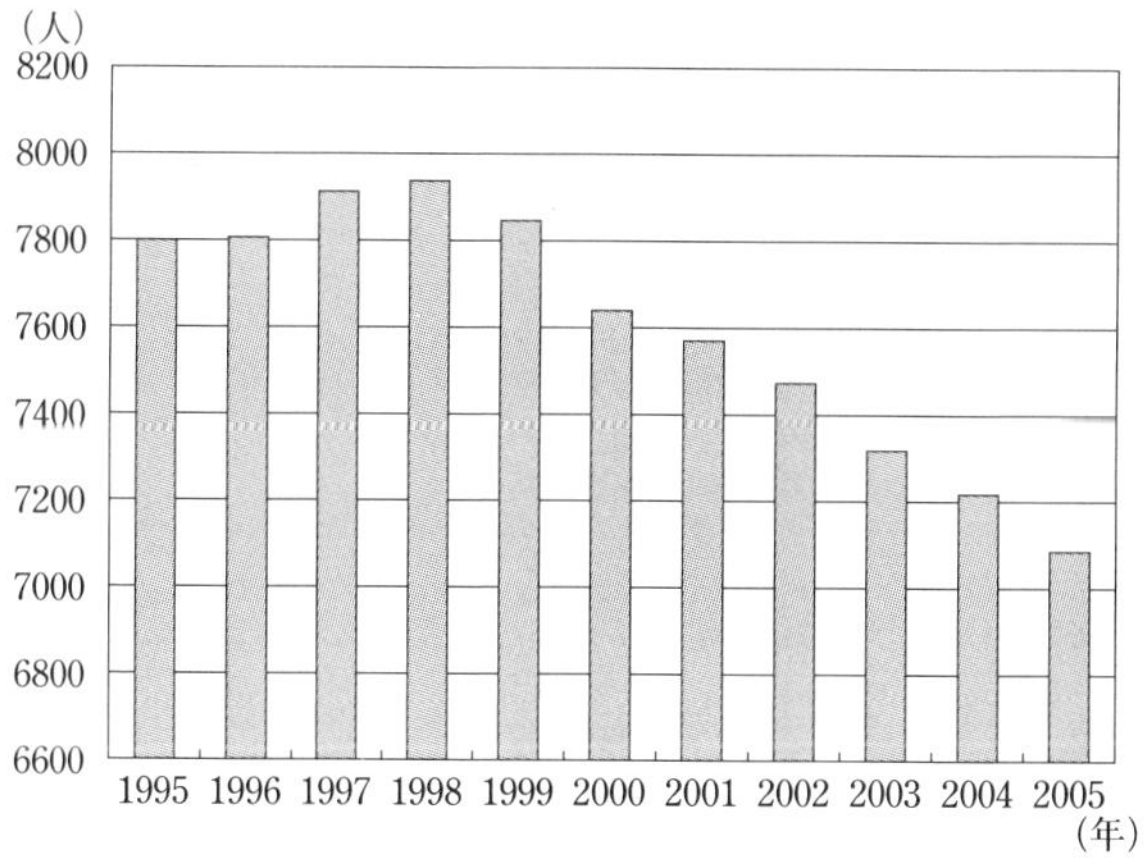

『日本の図書館』日本図書館協会　各年版をもとに算出

ば、薬袋秀樹は非専門的職務については非正規職員を配置することを想定したモデルを提示しているが（薬袋［1996］）、このモデルは雇用機会確保や処遇改善といった次元を離れ、高度なサービスの安定的供給という動機に基づきつつ司書有資格者の公立図書館への配置を正当化できるという意味で現実的である。

ただし、非正規職員の導入を職務の専門性と関連づける主張には必ずしも必然性があるわけではないという点は指摘しておく必要があろう。なぜなら、司書有資格者を非正規職員として任用することができれば、非正規職員だからといって専門的知識を持たないことにはならないし（ず・ぼん［1998］日信［2001］）、また、非正規職員が専門的職務に就くべきではないことを法的に根拠づける規定は存在しない。非正規職員とは、あくまでも任用や勤務形態が正規職員と異なるものであって、必ずしも単純労働への従事を前提としているわけではない。そのため、正規職員と非正規職員の職務の差異を職務の専門性の高低に関連づける手法が普遍性を持つとは言えないからである。

さらに、二〇〇二年に導入された任期付職員採用制度に目を向ければ、長期にわたって任用される職員でなければ高度な専門的能力を有することができないという主張の妥当性が危ういものであることは一層明白となる。任期付職員は「地方公共団体の一般職の任期付職員の採用に関する法律」（平成一四年法律第四八号）に基づく任用形態であり、高度な専門的知識を備えていることが採用の前提となっている。したがって、高度な専門的知識を有する人材を公共図書館に迎え入れようとするならば、この制度の活用が選択肢に入ってくるはずである。任期付職員採用制度について論じた図書館関係者による論考は未だ見当たらないが、この制度は「専門的職員」である司書と任用形態の関連を考察する際には、無視し得ないと思われる。

指定管理者制度反対論と委託反対論　〈指定管理者制度反対論〉指定管理者制度は、管理委託制度を継承するものではあるが、両者は本質的には別の制度である。しかし、公立図書館の管理運営が地方公共団体の職員以外の者に委ねられるという点に着目する限りにおいては、従来の管理委託との差異は大きくない。そのため、司書職制度要求論への影響を考察する際には、基本的に、管理委託に対する主張をほぼそのまま援用することができるものと考えられる。事実、指定管理者制度の活用に対して図書館関係者が加えている批判の多くは、司書職制度に関連するものについては、従来の管理委託に対する批判と大筋において相違していない。

そこで本節では、文献の数において圧倒的多数を占める委託反対論を中心に概観することで、地方公共団体職員以外の者への図書館業務の委任に関する論点を整理することとする。

〈委託反対論〉一般に、公権力の行使または公の意思の形成の参画に携わる職は委託には適さないとされる。このことは逆に、現在、公立図書館が行なっている事務のかなりの部分は委託が可能だということを意味する。

ところが、図書館関係者の間には、管理委託のみならず、一般事務委託に対する反対論も少なからず存在している（第五章参照）。

公立図書館における委託への反対論のうち、職員の専門的能力に言及したものは、「受託機関の職員の処遇は低いため、質の高い労働力とはなりえない」（前田秀樹［1986］）という一類型に集約することができる。

しかしながら、このような主張は、非正規職員の活用に対する批判と出自を同じくするものであり、非正規職員の場合と同様、現行の司書資格の価値を減じるおそれがあるとともに、司書養成に問題があるという主張を内包している。なぜなら、委託者（地方公共団体）の側は、受託者に対し、司書有資格者や図書館業務経験者の配置を委託の条件として付す事ができるし、受託者の側は、司書有資格者を雇用することができる。そして、実際、現在のように司書有資格者が過剰に供給されている限りは、地域的な差異はあるにしても、専門的知識・技能を持つとみなすことのできる人材は受託機関においても充足されうるのであり、その限りにおいて委託に反対する理由は失われてしまうからである。

つまり、一般論としては、質の高い人材を確保するためには処遇の充実が必要であるため、上述した委託反対論はその限りにおいては極めて妥当なものであるが、低い処遇でも確保できる場合には、同じ論理が逆に司書有資格者の能力の低さを認めることにつながってしまうのである。

このほか、委託を全面的に否定するものではないが、専門的業務は委託すべきでないとの見解も存在する（日本図書館協会［1986a］）[18]。だが、この見解は、委託が本来備えている長所、すなわち地方公共団体内部では得難い専門的知識・技能を必要とする業務こそがアウトソーシングに適するということを無視している。したがって、これは高度なサービスの安定的供給を意図したものとは考えられず、説得力のある委託反対論とはなりえない。

また、そもそも委託は公立図書館の性格を変質させるものであるがゆえに容認し難いとする、より本質的な批判も存在する（山口［2003：65］）。しかし、このような批判の特徴は、公立図書館のあり方には一定の理想型が存在するという前提に基づいている点にある。それゆえ、こうした批判が妥当性を持つためには、まず、公立図書館の理想型がいかなるものなのかという点について、国民的なコンセンサスが形成されていなければならないことになる。

2・2　司書職制度要求論の限界

いずれにせよ、「非正規職員や委託、そして指定管理者の活用が行なわれている限り高度なサービスの安定的供給は不可能である」という命題の正当性は立証されていない。にもかかわらず、図書館関係者の間には、司書イコール正規職員（指定管理者制度の導入後は「司書イコール職員」）であるべきだという主張が根強く存在する。そのため、司書職制度とは単に公共図書館での勤務を希望する司書有資格者に安定的かつ好待遇の就労機会を提供するための手段にすぎないのではないか、という疑念を生じさせる余地が残されてしまっている。[19]

また、それと同時に、司書職制度が「司書は正規職員であるべきだ」との前提に立脚しているとするならば、それは司書職制度要求論の内部矛盾を顕在化させずにはおかない。目録作成業務が早くからアウトソーシングされてきたことが示すように（第五章参照）、図書館固有の業務はすべて司書がこれを行なうべきであるとするテーゼは、実態的には、図書館関係者自身の行為によって否定されている。さらに、理念的にも、地方公共団体の財政破綻を回避しつつ民間セクターのビジネスチャンスを拡大するためには、正規職員の手による公的サービスの提供は縮小せざるを得ないこと、公権力の行使に該当しない業務は必ずしも正規職員によって行なわれるべきであるとは言えないこと、専門的知識・技能を要する業務ほど外部労働力の活用が効果的であること等から、非正規職員または委託、あるいは指定管理者の導入は正当化されうるのである。

そして、このことは、すでに現実によっても実証されていると言える。というのも、上で数値を挙げて紹介したように、図書館の業務に従事する司書有資格者の相当数は非正規職員であるし、また、委託や指定管理者の活用によって皮肉にも司書有資格者が図書館業務に従事する事例が増えているとの見解が図書館関係者によって示されているからである（日本図書館協会図書館ハンドブック編集委員会［2005：439］）。

このように、司書職制度要求論を雇用形態に着目して眺めるといくつかの因子が見えてくるが、そのうち、ここでは、専門的知識・技能を要する業務とアウトソーシングとの親和性に特に注目すべきであろう。

前節で見たように、かつて図書館関係者は職務の専門性に依拠して司書を専門職と位置づけることを追求し、また、その後、職務分析という手法を通じて司書の職務の専門性を明確化し、それによって司書職制度を実現しようと試みてきた。しかし、この司書職制度という概念に「司書＝正規職員」であることを含意させようとする限り、専門的職務こそが外部労働力の活用によって効果を挙げうるという主張の普及は、こうした図書館関係者の永年の努力を根底から覆すものとなってしまう。つまり、正規職員としての司書職制度要求論は、司書職制度がよってたつ「専門性」という概念自体によって隘路に追い込まれていることになるのである。(20)

3　司書職制度の限界

前節まで見てきたように、司書職制度に関する言説のうち「専門性」に視座を置いたものは、司書の「専門職性」、司書の職務の「専門性」、職務の専門性と雇用形態の関連性などをモチーフとして展開されてきた。しかし、公的資格としての司書の「専門性」を論ずるのであれば、その養成システムにも言及する必要があると思われる。だが、養成システムと「専門性」の関係について論じた文献は少ないため、既存の文献から主張の対立・発展を追うことは困難である。そこで以下では、演繹的に導出可能な論点を仮説として提示することをもって論点整理に代えることとする。

3・1　養成システムの限界

サービスの向上こそが公共図書館経営の要諦である以上、専門的職員の孵卵器となるべき司書養成のあり方も常に問い直されなければならない。だが、司書となる資格を取得する要件として課される教育は、その量的な水準について見れば、かなり要求度の低いものだと言うことができる。[21] しかも、そのような状態であるにもかかわらず、司書養成システムの改善について司書職制度要求論の文脈で言及した論考は、図書館情報学教育関係者の手によるものを除けば、ことのほか少ない。

おそらく、これは以下のような理由によるものと思われる。

まず、公共図書館員は、人材養成制度について自律性を有していないため、養成制度の見直しに向けた議論が活発化しにくいという事情である。

次いで、司書資格の見直しは、公共図書館関係者の利害とは必ずしも一致しないという事情である。すでに司書になる資格を得て公共図書館で職務に従事している者が、自らが持つ資格の価値を減じさせるような方策を進んで提起するとは考えにくい。むしろ、資格の価値の維持・向上を志向すると考える方が自然である。そうであれば、司書資格の位置づけを改変しようとする試みは、現職者によってブレーキをかけられる可能性を常に内包しているということになる。

この仮説を裏づける最近の出来事としては、日本図書館協会が二〇〇〇年から実施している「中堅職員ステップアップ研修」を挙げることができる。日本図書館協会は、この研修制度の創設に先立ち、司書が具備すべき技能についての分析を行なっている（日本図書館協会研修事業委員会［2000］）。しかし、既存の司書有資格者がそれらの技能を備えているか否かの検証はなされないまま、この研修は司書有資格者を対象とした任意参加の研修とされた。そして、司書資格のあり方の見直しについての踏み込んだ提言もなされていない。しかも、日本図書館協会内部で導入の是非が検討されている上級司書制度は、依然として意見調整がつかず、実現には至っていない。

さらに、司書養成の場である大学が、養成システムの充実については司書課程の開設についてほどには積極的でないという事情である。多くの大学は、大学経営上の理由からか、図書館に関する科目を二〇〜三〇単位分程度しか開講していない。この程度の単位数では専門的職員の養成として不十分であることが半ば公然と語られているにもかかわらず、である。このことは、司書養成システムが、その社会的意義や人材の需給バランスとは別の論理によって強く規定されていることの証左だと言えよう（上田ほか[2006：3]）。[22]

いずれにしても、司書資格に代わる新たな資格の創設を求める主張がしばしば提起される背景には、こうした「司書資格の限界」とでも言うべき状況が存在していると考えることができる。

3・2　司書資格の非専門性

先述したように、かつて、図書館関係者は司書を専門職とすることを目標とした。専門職として認知されることが職務遂行や人材養成における自律性の拡大につながることを考えれば、この挑戦は意欲的な試みだったと言うことができる。そして、そのプロセスの出発点として日本図書館協会が取り組んだのが図書館員の専門性の明確化であった。

その後、この試みは実質的に「失敗」に終わり、図書館関係者は目標を司書職制度の実現という、図書館員の人事政策上の特権に重点を置いたものに変えていったわけであるが、こうした変化の中でも不変だったのが、司書の「専門性」への依拠という姿勢であった。

しかし、現行の司書資格が専門的知識・専門的能力を基盤とした職員制度にふさわしい資格であるか否かについては再考の余地があるだろう。

まず、司書有資格者となるためのハードルがさほど高くないという問題がある。先述したように、大学での教育または司書講習で有資格者となるために必要な単位数は、少数の例外的な大学を除けば二〇単位にすぎない（日本図書館協会図書館学教育部会［2000］）。大学院レベルでの教育でないことを考えると、この程度の教育量で専門的知識・技能の十分な修得が可能であるかどうかは疑問である。

次いで、司書有資格者の知識水準を質的に保証するための仕組みが整備されていないという問題がある。司書は、認定試験に合格することでその資格を与えられるものではない。そのため、有資格者の質は、教育を施す機関の教育内容によって大きく左右される。しかし、大学等における司書養成教育の質的保証は各機関に委ねられているため、機関間格差が存在している。また、図書館法第五条第一項に定められているように、大学または高等専門学校の卒業資格が、必須ではないにせよ司書資格取得の要件となっていることを考えれば、司書資格取得者の知識水準は、図書館に関する科目にとどまらず、高等教育機関で教授される多様な分野の知識の総体によって規定されるものであることが含意されていると言えよう（田中久文［2002］大谷ほか［2006：94-95］）。だが、ここでも機関間格差あるいは同一機関内の個人差は存在しているはずであり、その差異は司書有資格者の知識水準にも反映されているに違いない。

また、教育と図書館情報学との関係の問題がある。第一節でも触れたように、図書館サービスの基礎となる知識の体系化については――図書館関係者内部での評価は別として――社会的に十分認知されていると断定するには躊躇せざるを得ないのが実情である。司書の養成は高等教育機関で行なわれることになっているが、そうであるならば、その教育内容は学術的研究の成果に基づくものであることが期待されているはずである。しかし、仮に、教育の基盤となるべき知識がさほど高度なものでないとするならば、養成によって得ることができる知識・技能も、それに対応した水準のものとならざるを得ない。

さらに、司書養成が学術的知見に基づいているかどうかについても疑問符が付く。繰り返しになるが、司書養成が高等教育機関で行なわれるものである以上、それは学術的研究に裏打ちされたものであることが求められるはずである。しかし例えば、図書館経営論については、必ずしも学術的研究によって得られた知見に基づいて教育が行なわれているわけではないとの批判も存在しているのである（根本［2001］）。

確かに、図書館員を他の職業とは異なるものとして特徴づけるのは、その職務の独自性・専門性である。したがって、図書館員の職員制度の確立を専門性に立脚して行なおうとすることは故なしとは言えまい。しかし、上述したように、現行の司書資格は高度な専門性を保証するものであるとは言い難い。そのため、司書資格に基づく職員制度を実現することは、論理的には専門性に依拠することによっては困難であるということになる。(23) むしろ、司書資格に基づく司書職制度を図書館サービス向上の前提と見なしてきたことは、逆に、図書館サービスのベクトルを非専門的な水準へと収斂させる一因になってきた可能性さえある。

つまり、皮肉にも、「専門性に依拠した司書職制度」の実現は、「司書資格の専門性の低さ」によって阻まれてきたということになるのである。

3・3　政策形成能力低下への懸念

本章の冒頭で瞥見したように、司書職制度要求論においては、館長も司書有資格者であることが求められてきた。しかしながら、一九九九年の図書館法改正により館長が司書有資格者であることを補助金支給の要件とした第一三条の三が削除されたことが端的に示すように、司書資格が保証する「専門的」知識は、館長に必須のものとは位置づけられていない。むしろ、法改正に際しての議論を振り返れば、司書資格の保有義務を館長に課すことは、国による地方公共団体への過度な規制とさえ見なされていた（細川ほか［1991：31-32］）。したがって、この点においても、司書職制度要求論は、社会的には受け入れられないということになる。

しかし、館長に関しては、より重要な論点が存在している。すなわち、指定管理者が用いられることになった図書館において、館長はいかなる役割を果たすのかという問題である（高度映像情報センター［2004：21-24］）。図書館サービスの向上は、サービスが提供される「図書館という場」における具体的な接遇対応の改善のみならず、適切な施策を適時に打ち出すことにも大きく依存していることを考えれば、このことは容易には看過できないものと思われる。

従来、館長は、館務を掌理するのみならず、当該地方公共団体における図書館政策を立案するという役割も担っていると考えられてきた。では、指定管理者が館長の役割も担うことになった場合にも、館長が政策の立案を行なうことになるのであろうか。

企画立案こそが地方公共団体の正規職員の主要な任務であるという一般的理解に基づけば、立案機能を指定管理者に委ねることになるとは考えにくい。おそらく、施策の立案は、主として、地方公共団体のいずれかの部門（例えば教育委員会など）で行なわれることになるだろう。

だが、地方公共団体は、適当な図書館政策立案者をリクルートすることができるだろうか。図書館業務を経験した者や司書有資格者であれば誰もが優秀な立案者になれるわけでないにしても、図書館の運営を大規模にアウトソーシングした場合、将来的には、地方公共団体全体を見渡しても、そもそも図書館業務に通暁した人材を得ることすら徐々に困難になってゆくことが予想される。しかも、そうした人材の払底は、一地方公共団体の枠にとどまらず、全国的な規模で発生するおそれがある。

館長を外部から登用するという手法は、滋賀県、千葉県浦安市、三重県桑名市、山梨県山中湖村など、運営方法の違いを超えて数多く採用されているが（滋賀県及び浦安市は地方公共団体の直営、桑名市はPFI、山中湖村は指定管理者）、これらの地方公共団体ではいずれも、公共図書館員として豊富な経験を有する人々が招聘されている。つまり、図書館員という集団は、図書館政策立案者としての人材の供給源としても機能してきたのである。

おわりに

司書資格が保証する専門的知識が、たとえ限定的であるにせよ公共図書館のサービスに有効であることに疑いを差し挟む余地はない。したがって、司書職制度が実現すれば、ある程度は図書館サービスが充実する蓋然性は高い。

だが、本章で見てきたように、司書職制度は、制度確立を希求する動機においても、また制度の有効性においても、社会的な理解を得ることはできていない。さらに、指定管理者制度の導入により、司書職制度という概念の前提となっていた「地方公共団体の正規職員としての司書」という前提自体が崩壊しつつあるため、司書職制度の実現可能性は今後ますます低下してゆくと考えざるを得ない。

これらのことを併せ考えれば、司書職制度要求論は、図書館サービスの持続的発展を保障する仕組みとしては、既にかなりの程度、その意義を失っていると見るのが妥当であろう。

むろんこのことは、公共図書館に専門的職員が不要であるということを意味するわけではない。図書館法が正しくも示しているとおり、図書館の経営には専門的知識・技能が必要である。また、児童サービスの実践やOJTなどを通じて、専門的知識・技能の蓄積がはかられてきていることも確かである。現行の司書制度はこうした専門的知識・技能の保持に一定の役割を果たしてきたし、今後も果たし続けるであろう。[24]しかし本章で見てきたように、司書職制度の確立を核として展開されてきたこれまでの公共図書館関係者の議論では、現状に適合した専門的職員の制度を示すことができていない。

さらに、図書館奉仕のあり方を規定するもうひとつの人的要因である図書館政策立案者については、政策決定者たる議員への働きかけや市町村機関に対するサービスの必要性を説いた文献は存在するもの[25]の、優れた政策立案者の育成は、全くと言ってよいほど顧みられていない。管見の限り、このことを指摘した文献は存在しない。これは従来は、司書職制度要求論が館長への司書有資格者の登用という手段でこの点を担保すると考えられたために等閑視されてきたものと思われる。

しかしながら、司書職制度要求論の限界が顕になった以上は別の方策が講じられなければならないし、また司書有資格者のみで政策立案者の人的需要が充足されると考えるに足る根拠がない以上は、司書資格の有無とは結びつかない形で人材を供給する道も探られねばならないだろう。言い換えれば、現状において公共図書館サービスが新たな展開の可能性を手に入れるためには、図書館関係者の言説が司書という公共図書館固有の制度の枠を越えて拡がる必要があるということである。

こうした、「司書資格とは無関係な人材養成」というアプローチは、「図書館奉仕の改善は司書の地位と能力の強化を通じて達成される」という図書館関係者によってこれまで共有されてきた通念から逸脱するものであり、かつ、図書館関係者が部分的にしか人材養成に参画できなくなることを意味するものであるため、図書館関係者にとっては俄に受け入れ難いものであるかもしれない。だが、公共図書館が高い公共性を持つ存在であり、地方公共団体によって設置されるものである限りは、むしろ、図書館政策の立案から司書有資格者でない者を排除しようとすることの方が不適切であろう。

公共図書館は図書館関係者のみに独占されるべきものではなく、また、独占されうるものでもない。にもかかわらず、図書館奉仕の直接の担い手のみならず、図書館政策の立案者さえも司書有資格者であることを前提とする捉え方が一般になされているのだとすると、司書職制度要求論は、図書館中心主義とでも呼ぶべき思考法を負の遺産としてもたらしたことになる。

注

（1）ただし、図書館法は公共図書館に司書を置くことを義務づけてはいない。図書館法第一九条（国庫補助を受けるための公立図書館の基準）は必置規制と通称されるが、あくまでも補助金を受けるための基準である。なお、同条は一九九九（平成一一）年七月の同法改正により削除されている。

（2）国家公務員の職階制については岡部史郎［1950］を参照。また、地方公務員の職階制については三宅［1952a］［1952b］［1952c］を参照。

（3）なお、専門性という語は意味するところが曖昧であり、専門的職務・専門的知識等、その都度適切な表現を用いるべきであるとの指摘がある。この点については薬袋［1998：161］を参照。本章では、薬袋の主張を是とし、専門性という語を用いるのは既存の文献を紹介する際に適切であると考えられる場合、及び専門的知識や専門的職務を総称している場合にとどめる。

(4) この点について論じたものとしては石村［1969］、竹内愛二［1959］、竹内洋［1971］、山田［1999］を参照。

(5) 社会学における専門職概念の捉え方の変遷については伊藤了［1996］を参照。

(6) ただし、本章では専門職論の理論的な分析は行なわない。したがって、以下で取り上げる要件が専門職化の度合いを示す普遍的な指標だと断定するものではない。

(7) むろん、この責任を研究者のみに負わせることはできない。図書館奉仕の現場からのフィードバックが不足していることも、図書館情報学の発展を阻害してきた一因だと考えられるからである。ただし、この点について論じた文献は発見できなかった。

(8) 弁護士法（昭和二四年法律二〇五号）は、第四七条で弁護士は日本弁護士連合会の会員となることについて、第五六条以下で懲戒について規定している。

(9) 日本図書館協会の定款には除名の手続についての規定がおかれている（第一〇条第二項）。しかし、除名が懲戒処分であることを定める条文はおかれておらず、また、除名によって司書資格剝奪等の実効性を伴った効果が得られるわけではないため、単なる会員資格の剝奪手続を規定しているにとどまっている。なお、加入強制や懲戒手続には言及していないが、同職者団体による統制の必要性を指摘したものとしては薬師院［2005］がある。

(10) そもそも、非営利組織の対価徴収は一般に広く行なわれている。いわゆる古典的専門職に数えられる医師については、医療の非営利性を担保するため、医療法（昭和二三年法律二〇五号）第五四条に「医療法人は、剰余金の配当をしてはならない」との定めがある。この規定が対価徴収を排除していないことは論をまたないだろう。つまり医療奉仕においては、その公共性が要請する非営利性とは、受益者から直接に対価を徴収するか否かではなく、利潤追求を行うか否かが須要とされているのである。そして、これと類似した原理は図書館にも見ることができる。公立以外の経営形態の「公共的」図書館（図書館同種施設を含む）が存在しうることによって、図書館の基本的機能である資料・情報の提供が持つ公共性が必ずしも対価不徴収を要請するものではないことが説明できるのである。

(11) アクセス権の保障とは異なるが、公共図書館の奉仕の再構築に積極的に取り組んでいる事例は散見される。それらを紹介したものとしては東京大学大学院教育学研究科図書館情報学研究室［2001］を参照。

(12) 貸出業務の専門分化の遅れがこれを示している。専門分化の遅れについて、読書案内の未分化を例にとってこれを論じたものとしては薬袋［1996］を参照。ただし薬袋の問題意識は、司書の専門職化を目指すことではなく、司書の職務の専門性を明確にすることに向けられていると考えられる。

(13) ただし、「専門職」という語は依然として使用されており、その多義性が議論の攪乱要因となっているとの指摘が存在する。これについては薬師院［2001］を参照。薬師院は、「専門職」という語の使用は専門職（profession）概念への参照を招かざるを得ず、そのことが、結果的に、議論の発展を阻害してきたと論じている。

(14) 図書館問題研究会による職務分析については「公共図書館職務一覧表二〇〇〇年版（案）」（下記URLで入手）を参照。http://www.jca.apc.org/tomonken/syokumu.csv (last access 2006.9.3)
専門性の確立と強化を目指す研修事業検討ワーキンググループ（第二次）の報告書は下記URLで入手した。http://wwwsoc.nii.ac.jp/jla/kenshu/kenshuwg/ (last access 2006.9.3)

(15) なお、こうした批判の妥当性はいずれも検証が必要なものではある。例えば、図書館に司書以外の職員をも配置することについては、図書館法もこれを予定していると解釈されている。これについては、西崎［1950］を参照。

(16) このうち、日本図書館協会図書館員の問題調査研究委員会非正規職員実態調査ワーキンググループの報告には、次のような記述が見られる。「今日の非常勤職員の制度は、人件費の圧縮を命題としながら、非正規職員の強い労働意欲と、善意を礎にした悪条件の上に成り立っているといえる。彼らの意欲を十分に生かし、安心して働けるよう、雇用の安定をはかり、労働条件を改善することが急務である。また、恒常的な非正規職員は正規職員に置き換えることが、責任ある行政の姿勢であるといえよう」(二〇二頁)。ただし、これらの論調が図書館関係者の間における多数意見だとみなすには留保を付すべきであろう。なぜなら、非正規職員の活用が実際に進行している以上、非常勤職員活用肯定論をとりたてて提起する必然性は弱いと考えられるからである。

(17) この問題について論じたものとしては、例えば川田[1999]を参照。

(18) この文献は「はしがき」で次のように述べている。「図書館の絶対数が極度に不足しているわが国の場合、いっさいの業務の委託がいけないという議論には、無理な面もあるように思える。現実の問題として清掃や警備、メールカーの運行といった限られた範囲の委託はやむを得ないとも言えそうである。しかし、選書業務、目録業務、分類業務などの専門的整理業務を委託により処理している図書館、カウンター業務全般、貸出業務などの根幹的奉仕業務を委託によって処理している図書館がいがいと多いことは、憂慮すべき問題であると言える。」

(19) これは、司書職制度がこれまで実現されてこなかった理由を探る上で、おそらくは看過し得ない問題だと思われる。なぜなら、図書館関係者がこうした疑念を払拭することができないならば、司書職制度要求論は労働運動と同一の次元に位置づけられることを免れない。すると、労働運動のメリットを享受することは期待できるものの、公立図書館への司書の配置の必要性について社会の広範な理解を得るうえで、必ずしもプラスになるとは断定できないからである。

なお、司書職制度要求論と労働運動の間の親和性について論じた文献は見当たらなかったが、アメリカにおいても、一九六〇年代以降、図書館職員の同職者団体が労働組合化していったとの指摘は存在する。これについては久保庭［1984：43］を参照。

また、Schlachter［1973］では、アメリカの図書館員の同職者団体が、労働組合的性格を持つことで組織力を高めようとしていたという分析が行なわれている。

さらに、Todd［1985］では、アメリカの図書館員の同職者団体について、労働組合化は、専門職としての目標を達成するうえでは望ましいものではないとの分析が行なわれている。

(20) しかし、この点について図書館関係者が言及した文献は見られない。このことは、司書職制度要求論が、非正規職員・委託の積極的活用に踏み切らざるを得なくなった現在の状況に対応できていないことを示すものだと思われる。

(21) 司書講習において司書資格を得るために取得が必要とされる科目と単位数は図書館法施行規則（昭和二五年九月六日文部省令第二七号）で定められているが、現在の最低単位数は二〇単位である。

(22) 司書課程開設の理由としては、学生のメディア・リテラシーあるいは文献探索能力を向上させるという教育上の理由のほか、学生獲得という大学経営上の理由、教員ポストの維持という図書館関係者の労働市場上の理由等が考えられる。

(23) 生涯学習審議会社会教育分科審議会が「社会教育主事、学芸員及び司書の養成、研修等の改善方法について（報告）」（一九九六年四月二四日）で、現在の司書及び司書補資格は図書館の専門的職員としての基礎的な資格であると述べていることを参照。

(24) ただし、大谷［2005：30-31］では、司書資格が廃止される可能性もあるとの見方が示されている。

(25) 例えば、常世田［2003：104-105］では、ロビー活動の重要性が強調されている。

第五章　公共図書館の委託

小川　俊彦

1　委託の理由、反対する理由

少し古くなるが、『日本経済新聞』二〇〇三年一二月四日に次のような記事が出ている。「市長・区長民間委託八割が意欲　福祉・教育・住宅など企業の参入機会拡大」と大きな見出しである。理由は「民間の活用で住民サービスを向上させるとともに、職員数を削減できれば財政状況の改善につながるためだ」とある（日本経済新聞［2003］）。この年の九月に地方自治法が改正され、委託対象がそれまでの第三セクターだけでなく、企業にも運営委託できるようになったために、自治体が前向きに検討し始めた結果であると記事は書いている。

委託や民営化の障害については、「職員意識や組合の反対」と「適切な委託先がない」という理由とあわせて、「住民の反応」を障害とする首長も四割近くあるという指摘もあった。

自治体財政の悪化、その結果として、時には口実として行・財政改革が進められ、自治体がさまざまな業務を委託し、ＰＦＩに踏み切ることは、「止むを得ない」から、「当たり前」という状況に変わってきている。委託化を実施することで経費が削減される。民が行なうことでサービスが良くなる。民間のノウハウを生かすことができ、新しい雇用を創出することになる。こういった理由が述べられている。

その一方で、それまで自治体が行なってきたことを経験のない民間にゆだねてしまっていいのか、民間の金儲け手段にされてしまうのではないか。安全やプライバシーが守れなくなる。こういったことから、住民の生活に直結する、保育などを中心とする福祉関係と、図書館などを中心とする社会教育関連機関から、さまざまな心配や、反対の声が続いている。

反対の理由も、保育園や幼稚園と、図書館では意味合いがやや異なるようである。保育園や幼稚園にはもともと公立と私立が併在していたし、博物館についても民間が運営している事例はいくらでもある。反対意見にしても、保育士の確保や保育料の値上げの心配といった、どちらかというと個人的な事情によるところが大きい。

しかし図書館や公民館については、（社会）教育機関であり、教育は官つまり自治体で運営するのが当たり前と考えられていて、教育のことを民にゆだねてしまっては、住民の自治、あるいは教育の権利が奪われ、教育水準が低下することになる、というあるべき論からくる危機感に基づいての反対である。

このあるべき論からくる反対は、委託化を実施しようと考えている自治体にどこまで通じるものであろうか。またその反対論は説得力を持つものであろうか。実際、この原稿を書き進めている間にも、状況は刻々と変化してきている。それも、急速に委託化に向かっている。

2　選書や整理業務の委託

公共図書館の委託は、一九八〇年代になって京都市や長野市でカウンター業務を委託しようという動きがあった時からとされることが多い。しかし、あまり意識されてこなかったが図書館での委託業務そのものは第二次大戦直後から始まっている。それも日本図書館協会が受託先になって、選書、収集、目録作成という、それこそ根幹にあたる部分の業務を代行してきている。戦後の混乱期であり、図書館業務がわからない職員が多かったこと、そして出版・流通事情が悪かったため集品もままならないというやむをえない事情があったにしても、委託業務であることに変わりはない。そしてこの委託業務に関しては図書館界が育ててきたものであることを忘れてはいけない。

一九四七（昭和二二）年五月に発行された『図書館雑誌』に、「カード斡旋配給」と「図書推薦事業」を始めたという報告が出ている（図書館雑誌［1947］）。当時は紙が配給制であり、出版物がきちんと地方に届かない混乱の時代であったこと、そして図書整理のできる職員がいないといったことがあり、日本図書館協会に頼らざるを得ない事情もあったようで、その意味では地方の窮状を見かねて日本図書館協会が立ち上がったということであった。

しかし、その後選定事業は日本図書館協会の財政基盤を支える大きな柱になってくる。『図書館雑誌』第四六巻第五号で「出来るだけ多くの図書館で選定図書の購入をするように努力する」（図書館雑誌［1952a：27］）、あるいは一九四九（昭和二四）年度の事業報告として「3　八千円文庫　年八千円供託することにより、小中学校別に推薦図書、その印刷カード、「読書相談」を自動的に配布する」[1]とあり（図書館雑誌［1950：150］）、さらに第四六巻第七号では「選定図書直送の件」として、図書費を割いて選定図書を購入することを勧めている（図書館雑誌［1952b：53］）。その説明には「4　選定委員会は約五〇名より成り少なくとも月六回委員会を開きその決定の速報は地方書店に現物が届くのと同時かそれより早く届く」「6　直送する選定図書には謄写カードを添付する。カードは事務用及び辞書体目録に必要な枚数を添付する。但し五枚までとする」「7　右のカードの外定価の五分を割引く」と、かなり積極的に商売を行なっている（図書館雑誌［1952b：53］）。

一九六四（昭和三九）年度の会計報告では一般会計が一四〇〇〇万円程度であったのに対し、事業部会計では二六〇〇〇万円の仕入れ、三四〇〇〇万円の売り上げが報告されている（図書館雑誌［1965：363］）。二年後の一九六六（昭和四一）年度の報告では、年間取扱額は、図書四三二一万円、用品七二〇〇万円である（図書館雑誌［1967：363］）。さすがにこの急増が目立ったのか、一九六七（昭和四二）年度の総会報告で、選定や印刷カード事業に対する懸念の質問が出ている（図書館雑誌［1968：346］）。

日本図書館協会にとっては重要な財源であったが、個々の図書館にとっても、この事業が図書館職員の作業合理化につながり、コストダウンに結びついているという、次のような記事が『図書館雑誌』に出ている。

昭和四七年二月現在、JLAの印刷カード利用館は、一〇八館。NDL印刷カード利用館は……国立大学図書館の一律採用があったりして、現在二三四館だということです（植田［1972：27］）。

JLAカードは人手の足りない中小図書館が使用し……わかりきった話ですが、印刷カードは、各館でカードを書いたり複写する手間・分類番号や件名標目を付与する手間、すなわち同じことを各館で行なうならただ一館のみに任せて、あいた時間を他の時間にふり向けようとする合理化とコストダウンが狙いです（植田［1972：28］）。

当然のことながら、この文章に対する反論は見当たらない。むしろ協会財政を救うために、また、図書館の人材不足、人手不足を補うためにやむをえない、という受けとめ方をされていたようである。しかし印刷カードの普及と、その後に続くMARCの出現は、図書館職員にとっての専門性のなかから、分類や目録などの整理業務をはずすことにつながった。

一九七〇年代後半から一九八〇年代にかけて日本の図書館は急速に発展する。その背後には指摘するまでもなく『市民の図書館』があり、この本を教典とした「貸出」をサービスの中心とする図書館運営があった。手に取りやすい本を中心とした図書館サービスは多くの市民に図書館を身近に感じさせる施設とする効果をもたらした。だが、いわゆる箱モノは補助金をあてにしてつくることができても、人を急激に増やすわけにはいかない。利用は急増するという事態の中では、利用者に接するカウンター業務以外は、軽視せざるをえなくなる。わかっていても手が出せない、しかし本を購入し、整理する必要があるということから、お金で解決するならば、ということで外部の技術を導入することになった。分類や目録などにこだわり続けたのは、人手に余裕があった都道府県立や大都市の図書館、そして大学図書館などであった。

図書館の発展は日本図書館協会の選書、装備事業にとっては追い風となるはずであった。しかし、この委託整理は図書館から注文を受けた段階で集品し、分類、整理し、装備をして図書館に納品するという手順で行なわれていたため、それがお金として支払われるまでには数ヵ月を要するということも少なくなかった。扱い高が少ないうちは取次も待ってくれていたが、納品量が増えるにつれて運転資金がどうにもならなくなってしまった。

一九七九（昭和五四）年、新理事長への挨拶に日本図書館協会に出向いた彌吉光長は、その時点で協会が一億円近い赤字と、三〇〇〇万円分相当の滞貨、そして二〇〇〇万円の未収入金を抱えていることを知る。彌吉はかねてから「協会はこれまでのように、図書館に図書の取次ぎをし、装備までやるのは行きすぎである」という主張を持っていたので、その事業を日本図書館協会は即刻やめること、新会社に借金、赤字、滞貨を引き受けてもらうことという条件の下、出版界の協力をあおいで新会社を発足させた。図書館流通センター（TRC）である（彌吉［1990：3］）。

日本図書館協会の選書斡旋と委託整理業務が破綻したときはまた、図書館界の急速な電算化への動きのあった時期でもあって、国立国会図書館の全国書誌データベースのファイルであるJAPAN MARCは一九八一（昭和五六）年、TRC MARCは一九八二（昭和五七）年にデータの提供を始め、印刷カードは順次MARCに置き換えられることになる。またTRCは、入手しにくい出版社の本を新刊時に自動的に納品する、というサービスを一九八三（昭和五八）年に始めている。これは、特定出版社の本を自動的（TRCが指定したものに限るが）に納品するということで、「選書ではない」という図書館界の反発もあったが、入手しにくい本を収集できるということで、多くの図書館がこのシステムを使うようになる。

ちなみに二〇〇七年のいま、図書館向けの新刊案内（ほぼ毎週刊）がいくつか出されているが、八万点近いといわれる出版点数のうち、図書館向けに限るということで掲載分は五万点ほどとなっている。その意味では新刊情報は、すべての出版物に目を通せるものとして作られているものではない。

また、見計らいと称して、新刊本を書店が図書館に運び込み、現物を手にとって選んでもらうというシステムがある。対応している書店としては、返品率を下げるために、多くても毎週数百冊程度しか運び込んではいないはずである（返品率が五〇％以下でないと困ると言われているが、実態は七〇％近いとも言われている）。つまり、返品を少なくするために、本を持ち込む書店や取次が、購入されそうな図書だけを選び、見計らい本ですといって図書館に持ち込んできているのである。

蔵書構築することの意義、図書館の目的をあいまいにしたままこのようなサービスを安易に利用することは、専門性が高いはずの選書すら、図書館員の守備範囲から手放すことにつながりかねない。

このような状況について危機感を持つ根本彰は、『情報基盤としての図書館』のなかで次のように指摘している。

図書館が「貸出」を増やすことを目標とする公共サービスであるならば、より効率的な運営のためには貸出業務ごと市場原理に基づく民間機関に委託したり、アウトソーシングするほうがよいという論理がつくられる。図書館界はそうした議論になったときに、貸出は選書や読書相談も含めた総合的な業務であるとして委託には反対し続けてきた。しかしながら、専門性がより高いと思われる整理業務や、はなはだしい場合には選書についても事実上アウトソーシングの状態にあることから目をそらしつづけた（根本［2002：63］）。

図書館界は自ら蒔いた種である選書、整理事業の委託には目をつむり、矛先をその後に起きた貸出カウンター業務を中心とする委託にもっぱら向けることになった。

3　カウンターを中心とする委託

『公立図書館の未来と現在を問う――公立図書館のあり方と委託問題』と題するシンポジウムおよび連続学習会の記録が一九九四年に出ている（「公立図書館の管理委託を考える」実行委員会［1994］）。このシンポジウムは「直接的には調布の委託問題に端を発しています。しかしそれ以前から、多摩地域の図書館は本当にこれでよいのかという危機意識が底流にあっての取り組みでした」と編集後記に書いてあるように、図書館発展の先駆けともなってきた東京多摩地区で委託問題が起きたこと、それに対する危機意識、警鐘という意味での学習会、シンポジウムであった。

そのなかで久保輝巳は、図書館界に起きた委託の流れを次のように整理している。

まず八十年代に京都の委託問題が出てきました。そして実際に委託されました。それから八三年に和光市と広島市の一部、八四年に長野市、長野市の場合は委託に至らずに済んだ形になりましたけれども、その問題。そして我々が非常に記憶に新しいのが八五年の足立区の委託でありました。……九二年になりますと大阪の守口市の生涯学習情報センター構想、それから最近になりますと、九三年の調布市の市民プラザ構想というようなものが出てきて、それでにわかにこの委託問題というのが、八五年の時と同じ様にもう一回大きな問題として取り組まれるようになってきているわけです（「公立図書館の管理委託を考える」実行委員会［1994：12,13］）。

しかし、八〇年代の委託問題と九〇年代の委託問題ではかなり違いが出てきているということで、久保は山口源治郎の論文を引き合いに出して次のように説明している。

八十年代の委託問題というのは、行革路線による経費削減を伴うところの職員問題として主に出てきたわけですけれども、九十年代は、今度は路線が行革路線だけではなく、臨教審路線という形で、つまり図書館のサービスを生涯学習体系の中に組み込もう、そして施設なども複合化することによって、図書館もインテリジェント化していく、……それは図書館法による住民のための図書館というもの、あるいは学習権を保障するための資料提供をする施設としての図書館、こういうものを根底から否定する形、それを分散させてしまうというような形になってきている。これが非常に大きな違いであるということを山口さんは指摘しておられます（「公立図書館の管理委託を考える」

実行委員会［1994：13］）。

この八〇年代の動きに関しては、『公立図書館の管理委託と地方公社』が、その背景をまとめている（梅原ほか［1990］）。それによると、一九八一年の第二臨調で、「社会福祉施設、社会教育施設等の公共施設については、民営化、管理・運営の民間委託、非常勤職員の活用、地域住民のボランティア活動の活用等を地域の実状に即して積極的に推進する」という答申が出され、一九八六年には総務庁から文部省に対して「施設の管理運営の合理化を図る観点から、民間委託になじまないとされているもの、原則として直営によるとされているものについては、民間委託に係る制約を緩和する方策を講ずる必要がある。また、委託団体が制限されているものについては、その制限を廃止・緩和する必要がある」という注文が出されている（梅原ほか［1990：23,25］）。

京都市の委託問題が起きたときに、当時の文部省と市側の交渉経過から、図書館の根幹的業務、非根幹的業務ということが持ち上がってきた。この言葉が、あるいは内容が、その後の図書館業務の委託に際しては取りざたされることになる。そのことをこの本では次のように説明している。

根幹的業務と非根幹的業務とは、前者を直営とし、後者を委託とする考え方である。

①図書館業務のうち根幹的業務を直営とし、非根幹的業務を委託とする考え方。これは一般事務の委託に当る。

②図書館業務全体を委託し、その中で、根幹的業務を公社派遣の地方公務員が担当し、非根幹的業

務を公社等の固有職員が担当する考え方、これは管理委託に当る。
③一地方公共団体の図書館の中で、中央館を直営とし、地域館を公社に委託し、小分館を住民に委託する考え方。この考え方は、中央館は根幹的業務が多く、地域館は非根幹的業務が多いという判断に基づいている（梅原ほか［1990：59,60］）。

そして、「一般に、利用者に直接奉仕する業務、すなわち資料（情報）の提供における貸出・返却処理、レファレンス、リクエスト、利用案内等は、本来、図書館業務全体から分断しえないものであり、最も公共性の高いものといえよう。また、資料（情報）の収集における選定、発注、受入も分断しえないものである」と書いている（梅原ほか［1990：58］）。また、根幹、非根幹論の誤りとして、次の二点を指摘している。

①一つの流れを構成している各種の業務を機械的に機能別に区分することによって、かえって事務の連絡等に手数や時間がかかり、実際には能率が低下する。
このため実務においては、双方の職員が渾然一体化して業務を行なっており、各図書館では、現在は、このような区分はほとんど主張されていない。
②利用者と直接接するカウンター業務を委託することによって、利用者の要求や利用状況を把握することができなくなり、利用者の要求に応じたサービスの改善が困難になる。とりわけ、レファレンス・サービスや読書案内において利用者の要望が職員に伝えられるにもかかわらず、この業

務を身分の異なる公社職員に任せている地方公共団体があるのは問題である（梅原ほか［1990：62］）。

この二つの問題は公社を民間という言葉に置き換える必要があるが、一五年以上たった今でも全く改善されていない。特に、二番目の問題に関しては、利用者の要望を職員（つまり自治体側）に伝えても、司書不在の図書館ではそのままにされてしまうことがしばしば起きている。

公社委託の問題点として次のような指摘もある。「司書有資格者を正規職員として採用・配置することなく、嘱託・非常勤職員にとどめ、主にいわゆる非根幹的業務を担当させている。このため、専門知識を持たない事務系正規職員が、意思決定権を持たない、限定された業務を担当する司書を指揮監督している」（梅原ほか［1990：77］）。

公社委託していた図書館は限られた一部の図書館でしかなかったが、専門知識を持たない職員が館運営の中心であった図書館は少なくなかった。司書比率は減少傾向にあり、そのこともしばしば指摘されてきていたが、それを放置して委託という事実を攻撃することに図書館界は目を向けすぎていたのではないか。むしろ「図書館は専門職員がいなくてもできる」となってしまったのは、専門知識を持たない事務系職員が図書館運営の責任者であったとしても、図書館サービスに差がないと感じさせてしまったからではないか。

国はこの委託に関してはどう考えてきたのであろうか。一九八六年三月の衆議院予算委員会で当時の海部文部大臣は、「……図書館法の規定から見ても公立図書館の基幹的な業務については、これは民間の委託になじまないものでしょうし、生涯学習をするという非常に大きな目標があります」という答弁を行なっている。「公立図書館につきましては、図書館の公共性というのが一つあるかと思います。それから同時に、図書館でございますと社会教育の基幹的な施設でもあるわけでございますから、ありていに申し上げれば館長及び司書の業務につきましては、原則として委託になじまないものというのが文部省の考え方でございます」という政府委員の答弁もある。何がそうであるかは別としても、「基幹的な業務」という言葉を使っているし、図書館の業務に専門性があると判断していたと考えてよいであろう（衆議院予算委員会第三分科会［1986］）。

二〇〇〇年代に入って、委託はアウトソーシング、民営化という形で表現されるようになる。一九九〇年代の不況が長引き、国はもとより自治体も財政の悪化から、待ったなしの行財政改革へと突き進んだ。小泉改革である。この嵐は図書館にも、というより職員を多く抱える図書館だからこそ、強風となって吹き荒れる。

今井照が『自治体のアウトソーシング』のなかで、「二〇〇五年の自治体職員数は、二七年前の一九七八年の職員数を下回っている。一般行政部門に限ってみれば一九七四年以前の職員数であり……」と、仕事は増えているにもかかわらず職員数は、特に一般行政部門の職員数は一九九七年頃から急速に、市町村職員に関しては二〇〇〇年頃から、一気にその数を減らしていると紹介している（今井［2006：9］）。

ちなみに、一九七四年の公共図書館総数は九八九館、専任職員は六一九五人である。また、貸出は五千万冊をわずかに超えているにすぎない。二〇〇六年現在の日本の図書館数は三〇八二館、一九九八年頃からその数を徐々に減らしているとはいえ職員数は一万四〇七〇人（うち司書七〇二八人）、貸出総数は約六億二千万冊である。図書館数は約三倍になり、貸出総数は一二倍に増えたが、職員数は二倍強でしかない。図書館では忙しさに対応するため、ここ一〇年ほど非正規職員を急速に増やし、現在ではほぼ職員数と同じまでになってきているが、その人たちを加えても約二万八千人、一九七四年の四倍でしかない。ちなみに、二〇〇六年から委託・派遣職員数が把握できるようになって、三四一二人が自治体との雇用関係がない形で働いていることがわかる（日本図書館協会『日本の図書館』）。

図書館が増えているにもかかわらず正規職員が確実に減り続け、その分を非正規職員、あるいは部分的な委託で補ってきているが、その他にも施設としての図書館の大きさの違い、開館日、開館時間増などサービス内容や幅の違いから、職員数を増やさなくてはならない要因もたくさん出てきている。加えて業務が機械化、能率化されたとはいえ、貸出業務を中心に忙しさは増すばかりである。カウンターで利用者と対応する時間が増えるだけではなく、返却された図書の配架や、予約や督促業務も増えることになり、図書館職員の補充なくしては仕事がこなせない状況になっているのである。公務員の数を減らすことが当然という社会的な受けとめ方のなかで、図書館だけは別ということは許されなくなってきている。人手が欲しい図書館では委託化は起こるべくして起きているのである。

カウンター業務のすべてが専門的業務とはいえなくても、カウンターがある限り、そこには職員を配置する必要がある。「ただいま留守にしております。御用の方はベルを鳴らしてください」といったことができないのが図書館である。しかも図書館そのものが大きくなり、利用も増えてきているので、貸出を中心とするカウンターにはちょっとした図書館でも二人、三人の職員を置く、図書館によっては、カウンターが一つではなく、二つ、三つということも珍しくない。利用の拡大、図書館の大型化は、施設をますます職員が必要なものとしてきているのである。

今井はこのような流れは図書館だけのものでないと、次のように述べている。

自治体行政が担っているはずの業務は増大こそすれ、減少しているとはとても思えない。ということは、減少する自治体職員に代わって、何らかの方法で自治体行政の業務が担われ、サービスが提供されていることを示している。この落差を埋めている主因が自治体行政のアウトソーシングである。……すでに自治体行政の少なくない部分が自治体職員以外の存在によって担われているのである（今井［2006：11］）。

今井はまた、アウトソーシングはふたつの側面から推進されてきたと言う。「現実に自治体行政のアウトソーシングを引っ張ってきたのは効率化論である。効率化論がめざしているのはコストの削減であり、安くなければアウトソーシングの必要性はないとまで考えられている」（今井［2006：14］）。さらに、「アウトソーシングをすればなぜ安くなるか」については不問に付されている、アウトソーシングを進めれば進めるほど、自治体職員の厚遇が明らかになり、公務員バッシングを呼ぶからである、との指摘もある。

「自治体アウトソーシングはまず作業系の業務を担う職員に着目し、その個別的業務の委託からはじまった。一方、電算管理などのような専門性の高い業務については、むしろ行政組織自体の限界から業務委託を選択せざるを得なかった」のである（今井［2006：14］）。図書館の電算管理もそうであったが、図書館ではさらに分類、目録がこの指摘に該当する。そして、「このようにして、行政組織の中の特定領域の一部に民間セクター（非公務員）を繰り込んできた業務委託は、そのうち、組織ごとや施設ごとの包括的な委託に変わってきた」、という指摘は図書館の現状そのままである（今井［2006：14］）。したがって、図書館の指定管理者への移行も、次の指摘からそれほどハードルの高いものではなくなっていることを示唆している。「つまり、何らかの考え方や基準に基づくのではなく、どのような形であれ、業務を括ることさえできれば、その部分を行政組織から区分けして民間セクター（非公務員）に委ねるというのがこれらの制度に共通したコンセプトである」（今井［2006：15］）。

それに対して日本図書館協会は、小冊子『よりよい図書館経営のために――図書館業務委託を検討する視点』の〈はじめに〉で「協会は、公立図書館業務の委託について、すべて反対という立場に立つものではない。限られた財源の中で、効果的、効率的に業務を処理するためには、委託が必要なもの、委託が可能な業務もある。他の業務との独立性が確保できるもの、業務内容が明確なものなどで、例えば施設管理や、資料の物理的な整理などはこれにあたる」という見解を述べている（日本図書館協会経営委員会委託問題特別検討チーム［2003：3］）。

この本は業務委託を推進する手引書ではないので、委託に際しては検討資料として自治体に使ってほしいという趣旨のことが書かれている。しかし、自治体は果たしてこれを使ったかどうか。この本に書かれている法律問題など、委託する場合に考慮すべきことは、自治体としても当然検討しているはずであるし、よく読むと図書館側の「こうでなければいけない」という強い願望がにじみ出ている。

それはまた、次節の「委託の論点」で取り上げている図書館界の委託に対する危機感――図書館はこうあるべき論でもあるが――と、委託化を進めようとしている自治体の図書館に対する認識のずれが、平行線のままであることも示している。

4　委託の論点

日本図書館協会は一九九四年には『これからの図書館運営のために　公立図書館の委託について考える』という冊子を出している。これは一九八〇年代から始まった公社委託が行なわれることに対しての危機感から、警鐘をならすという意味あいの濃いパンフレットである（日本図書館協会図書館運営に関する基本問題検討委員会［1994］）。

そこでは、管理委託の背景として、人件費の抑制、一九九一年の地方自治法の改正が委託化を進め、文部省（当時）の補助金よりも制約のない他省庁の補助金を導入し、縛りのない図書館運営を選んで、結果として安易な管理委託をしている、という三点を指摘している。そして、管理委託がなぜだめかという点に関しては、

① 文部省、東京都は「公立図書館の基幹的業務は、委託になじまない」との見解です。
② 管理委託は、プライバシー保護には十分ではありません。
③ 図書館が管理委託された場合、議会や住民のコントロールが及ばなくなります（日本図書館協会

図書館運営に関する基本問題検討委員会［1994：10,11］)。

という法制度上からの指摘を、また管理委託の問題点として次のような指摘をしている。

① 財団職員の勤務条件は非常に悪いために定着率が低い。
② 司書有資格者が多いが研修や業務の打ち合わせが保障されていないので、サービス水準が低い。
③ 図書館の経営責任が、市と公社の間であいまいにされてしまっている。
④ 開館日やサービス時間の拡大は、必ずしも図書館サービスの向上につながっていない。むしろサービスの低下につながる（日本図書館協会図書館運営に関する基本問題検討委員会［1994：13,15］)。

この④の理由として、開館時間前や定例休館日に、書架の整理やサインの整備、汚破損本の取り除き、欠本補充などを行なっていて、特別整理の休館日とあわせて図書館としては欠かせない業務日・業務時間である、また、通年開館を実施することで勤務体制が複雑になるので、職員相互のコミュニケーションが取れなくなり、図書館運営に矛盾や混乱を生じさせる、としている。

この本は一〇年以上前に書かれたもので、当時は問題が多いとされていた公社委託から、現在では民間委託に変わってきているが、委託反対論の内容は当時とほとんど変わっていない。だれそれが言っているからダメ、というのは説得力がないし、現にそのだれそれの当事者である文部科学省が指定管理者を認めてしまい、東京都でも委託が進められてきている。あるいは公務員法があり、守秘義務が課せられているからプライバシーが守られるという論拠も、官と民の契約で解決できるはずであるし、パソコンソフト（Winny）での情報漏洩や社会保険庁の例があるように、公務員だからプライバシーが守られるものでもないことは多くの国民が知ってしまっている。むしろ契約の当事者である民の職員がプライバシー漏洩事件を起こせば、その職員は解雇される可能性が高い。翌年の、あるいは他自治体での契約に影響するので、民間企業としては対処のしかたいかんが死活問題になりかねないからである。他方、一連の事件で公務員が解職されたという報道はあまりない。

委託することで住民のコントロールが及ばなくなるということに関しても、例えば最も危機感をもたれている指定管理者にしても、自治体が指定管理者制度を導入する場合には、条例で定めなければいけないし、指定管理者を決定する場合にも議会の同意が必要になっている。図書館運営に関しては図書館協議会もそのままおかれる（これは自治体の管理下にある）ことになるので、条例設置である図書館協議会が本来の機能を果たすことができれば、住民のコントロールが及ばないとは考えられない。[2]

管理委託の問題点としている、職員の勤務条件が悪く、定着率が低い、という状況は今でも続いている。むしろ急速に委託化が進んだために悪化している可能性もある。受託側のスタッフの奪い合いや、人材確保のために採用条件を甘くせざるを得ない状況が起きているからである。しかしこの定着率の悪さを、受託側の問題として片付けてしまってよいものかどうか。自治体の下部組織のような公社委託でなくなったため、入札で決まる例も増えている。最初から低価格で設定していて、条件が合わなければ強引に値切ってくる（値切るのは自治体である）という話も聞こえてくる。

雇用者本人に渡るのは自治体と契約した金額（時間単価）の七五％程度と言われている。そのことに対して民間を儲けさせている、自治体が直営でやったほうが安い、という指摘がある。これまで自治体では繁忙期、土曜、日曜要員の補充等にアルバイトを使ってきた。短期間、短時間の雇用であるから社会保険等は必要ないし、募集も自治体の広報を使って行ない、アルバイトの管理は職員が行なってきた。しかし、民間は広告費を使って募集する必要があるし、図書館で働いてもらうスタッフを管理育成する必要も起きてくる。また、定着率を良くし、きちんと働いてもらうためには、長期間の雇用が必要になり、社会保険への加入や、有給休暇という問題も起きてくる。

また自治体の場合には、雇用しているアルバイトが急に休んでも職員でカバーすることができる。しかし、受託会社は、たとえ一日でも欠員を生じさせることはできない。その日の一人少ない部分を現地スタッフがやりくりカバーしたとしても、それでも一人足りないのだから契約違反と指摘を受ける。それを避けるためには、定数には含まれない穴埋め要員が必要なのである。もちろん組織を運営していくためのさまざまな費用のこともある。契約金額にはこういった費用も含まれているので高くして当然なのだが、反対運動があったりするため、委託を推進する自治体としては「委託の効果」を強調するために、運営費部分をできるだけ切り詰めることを求める。そして自分たちが雇用していたアルバイトよりも高すぎる人件費になるような契約を避けたいと考える。結果としてしわ寄せが人件費単価に及ぶことになる。

金額が不満なら民間が受託しなければよいという意見も出ているが、いったんこの事業に手を出すと、翌年の契約が保証されていない限り、企業としては今年雇用しているスタッフのために、無理をしてでも再契約にこぎつけようとする。ある意味自転車操業に似ている。値切られても受けざるを得ないということになれば、しわ寄せとしてスタッフの人件費が圧迫されることになってくる。

自治体の新年度予算が確定するのは三月である。委託のためにどの程度の予算を組んだかは予算が確定するまでは表に出せないし、新年度の事業についてきちんとした契約もできない。あらかじめ受託側が予測して人材募集をかけることもあるが、受託図書館に向けての人員配置等が具体的に動き出せるのは三月の後半ということが多い。そして四月一日からすべての仕事は会社任せということがしばしば起きる。当然、仕事はうまく流れないが、これらはすべて会社のせい、会社のスタッフの能力のせい、とされている。

こういう助走期間がない契約形態ひとつをとってみても、各自治体が図書館業務のあり方をどこまで検討し、推進しようとしているのか見えてこない。予算が確定した後はすべて図書館の責任で処理していくことになるが、図書館側は「押し付けられたこと」として、当然であるが前向きに委託化を受け入れようとは考えない。それまでの仕事を肩代わりすることになる委託職員を好意的に迎えるということは、感情的にも難しいようで、引継ぎに混乱が生じてしまうのは避けられないことでもある。しかし、「委託化に関しては関知するところではない。サービスが低下すれば、それは委託化を決めた自治体の総務や財政担当者と受託した会社、及び働くことになったスタッフに責任がある」という態度を図書館員がとっていては、図書館サービスは決して改善されないし、結果として一番の被害者は利用者となる。

なぜ、同じ図書館で働く職員として、という発想がないのか。委託業務の法規をたてにして業務を分断させていては、推進する側はもっと効果が具体的に見えるようにと、本格的に、つまり指定管理者の導入といった検討を行なうことになるのではないか。

薬袋秀樹は、合理化の目的は経費削減と業務の能率化であると規定した上で、合理化について、図書館業務の特性から一定範囲内での合理化は必要であるとして、その理由を次のように述べている。

第一に、図書館業務はもともと図書という物体を扱う物理的作業が多いため、職員の労力の負担が大きい。貸出が少ない時代には正規職員で対応できたが、貸出が爆発的に増加した後は、正規職員だけでは運営が困難になった。したがって、労力の負担が大きい非専門的業務（判断を要しない業務）を専門的業務（判断を要する業務）から切り離し、非専門的業務の担当者として司書資格を持たない非正規職員を配置することが必要になる。……第二に、図書館は行政機関よりも多い開館日と開館時間を求められる。日曜開館、夜間開館を円滑に行なうには正規職員だけでは困難であり、日曜・夜間開館の補助増員が必要である。この場合は非正規職員の司書も必要である（薬袋［2003：152］）。

また『公立図書館の管理委託と地方公社』では、地方行革と公社委託に直面している公立図書館界の課題として、次の六点を指摘しているが、一九九〇年代前半の課題はほとんど解決されないままに、二〇〇〇年代の民間委託に持ち込まれている（梅原ほか［1990］）。

①都市経営における図書館の役割の調査研究

都市経営論の側からは、都市経営に果たす公立図書館の役割は明らかにされていない。……公立図書館の持つ役割を詳細に明らかにするとともに、その先進的な事例を紹介する必要がある。

②公立図書館サービスの便益の評価法の調査研究

これまで、公立図書館界では、貸出サービスに重点を置き、貸出冊数×購入図書の平均単価－図書館経常費＝行政効果の式によって、図書館サービスの便益を明らかにしてきた。しかし、この行政効果は、もともと公立図書館サービスの一部分にすぎない。従来は、この部分だけでも十分であったが、行政サービスの環境が変化した今日、図書館サービスの質的側面をも包括した公立図書館の便益全体の評価方法を開発する必要がある。

③公立図書館サービスの質的評価の調査研究

「司書は不必要」「有資格館長は不要」という誤った考え方に対して、専門職と非専門職とではどのようにサービスの結果が異なるのかを客観的に明らかにする必要がある……専門職の力量が必ずしも十分でない面もあり、その力量を高めるための対策も必要である。

④公立図書館サービスの効率化の調査研究

現在、都道府県内公立図書館のネットワーク化、各地方公共団体のシステム化が進行しつつある。これによって、今まさに、サービス便益の向上と運営コストの相対的低下による運営の効率化が開始されつつある。とりわけ、公立図書館において多くの労力を要してきた目録作業に関して全国的目録情報サービスが確立されつつあること、公立図書館におけるコンピュータの利用が定着しつつあること、地方公共団体間の協力による図書館資源の共同利用が進みつつあることによって、効率的運営が行われつつある。しかしこれらの努力の実態やそれによるコストの低下の現実は十分明らかにされていない。サービスの質的向上とコスト低下の努力およびその成果を明らかにする必要がある。

⑤公立図書館職員の人事管理の調査研究

これまでは、専門職制度の必要性を論じることに追われ、専門職制度における勤務体制、人事異動、昇進、人事交流、研修・政策研究、非常勤・臨時職員のあり方については、十分な論議が行われてこなかった。公立図書館をより効率的に運営するための人事管理の方策について検討する必要がある。

⑥公立図書館職員養成カリキュラムの調査研究

司書の養成課程において、公立図書館向けに、地方公務員として必要な基本的知識である地方行財政制度に関する科目を設ける必要があると思われる。司書養成科目のあり方について検討する必要がある（梅原ほか［1990：90,92］）。

5　行財政改革と委託問題の変容

『図書館雑誌』二〇〇三年三月号で、東京文京区立図書館の大橋直人が東京二三区の委託の実態を報告している（大橋［2003］）。それによると各区で急速な委託化が進み、その内容も従来「根幹的業務」として委託になじまないとされたレファレンスや読書相談にも及んでいることが報告されている。ある区立図書館の事例として、委託化が進み開館時間は延長されたが、職員体制は兼務館長、事務職員、非常勤職員二名の四名で運営することになっている。「そのため、サービス時間に対応した館運営に責任ある職員体制が取れないことになった」（大橋［2003：156］）。その結果、「土・日・祝日および夜間は区職員が不在」で委託されているという実態を伝えている（大橋［2003：157］）。

その他にも、図書館界が懸念していた委託業者のパート社員による「利用者プライバシーの不正使用」の問題が報告されている。契約事項にはない督促を職員の名を借りて行なった事件であったが、督促対象が図書館員であった（職員が借りたものを返していなかった）ために、この事件は思わぬ展開をし、他区の図書館では職員が何を予約しているかの調査も行なわれた、と書いている。パート職員だけの問題であれば他区で職員の予約状況が調べられたというのは解せない話である。図書館職員の予約のあり方と、貸出期間の守られ方がこの事件に絡んでいるとすれば、そのことはなぜ問題にならなかったのか。事件は委託業者の体質、問題点として終わっているが、図書館の体質もあったのではないか。

大橋はまた、「窓口委託したE区では、図書館職員と受託会社社員が一緒にカウンター業務を行い、図書館職員の指示によって判断業務が行われている。一方、法律を守りこのようなことを行っていないC区では、利用者のトラブルが発生している」とも書いている（大橋［2003：158］）。E区のように職員が手伝うのは委託ではなくて「偽装請負」で、労働省はE区のような事例は契約が請負であっても労働者派遣法を適用するとしているとのことである。しかし、この文章ではC区のありようを評価し、利用者にとってどちらが望ましい図書館サービスなのかよりも、法律が優先して論じられている。しかし法律違反だからとして、委託職員との関係をおろそかにし、つまり職員間のコミュニケーションを悪くし、結果として利用者を困らせ、サービスの低下を招くようなことになってはいないか。気にかかることである。

四名の体制では、「土・日・祝日および夜間は区職員が不在」となることもそうであるが、人が少ないのだから、利用者が困っても知りません、法律がこうだからトラブルには責任持てませんでは、利用者はたまったものではない。利用者の味方のように書かれているが、実態は利用者切捨てになっているような気がする。

否定的な公共図書館に比べ、大学図書館に関しては業務委託を前向きにとらえている論調も少なくない。立命館大学が本格的な導入をしてきているが、大橋論文と同じ号で同大学の田中康雄が「アウトソーシングを活用した大学図書館運営――立命館大学における現状と課題」という報告を行ない、「業務委託による効果」として、次の四点を指摘している。

（1）合理化・効率化：新たな発想での業務の流れ、無駄のない作業の構築が可能となる。専任職員に比較し、少ない経費で業務規模を拡大することが可能である。また、不要なときに縮小することも比較的簡単である。今後とも学部、学科の新設や増設が頻繁に起こるだろうが、柔軟な対応ができる。

（2）専門性の確保：目録やレファレンスなど、その業務に集中することにより、より高い専門性が期待でき、かつ持続可能である。目録の多言語処理も対応できる。
（3）サービス向上（高度化）：開館日、時間の拡大や資料整理期間の短縮、年間整理冊数拡大など、費用と効果の関係が明確になる。また、目標値の設定が可能で、利用者に対してサービス基準を明確にできる。
（4）専任職員業務の明確化：業務委託化するということは、専任職員が担うべき業務をより鮮明にしていく必要に迫られる。業務委託化はそれまで以上に実務に対する専門的かつ幅広い知識としてのマネジメント力量が要求されることになる（田中康雄［2003：159,160］）。

公共図書館では批判の矢面に立たされることもあるので、委託を容認するという意見は、やや守勢に立った弁解のような面もあるが、立命館大学では前向きというよりも、積極的に委託に取り組んでいることがわかる。同大学の委託は、職員の週休二日制の導入に際して、土・日曜日の開館業務を委託したことがきっかけで、一九九五年からとのことである。「当時図書館での事例は少なく、業務委託化を開始した当初は、図書館に関わる業務委託企業を育てるような要素も多分にあった。そのときの経験が、業務委託だからといって、決して「丸投げしない」という、本学における現在までの考え方につながっている」と、田中は書いている（田中康雄［2003：159］）。

『図書館雑誌』が特集した約一年後に、『みんなの図書館』（二〇〇四年五月号）が特集を組んでいる（みんなの図書館［2004］）。その号の「特集にあたって」を書いた西河内靖泰は、図書館サービスのあり方の見直しと、委託職員として働く人たちの待遇こそ考えるべきと、次のように指摘している。

今すすめられている多くの委託が、本当に公共サービスとしての図書館サービスのあり方をとことん吟味検討し本質的な論議をしたうえで、自分たちの自治体がいかなる図書館サービスを提供したいということを住民に真剣に提起することを抜きに、財政危機、経費削減を錦の御旗にしていることに問題点を感じていますので、こうしたことには反対の立場です。……私たちが取り組まなければならないのは、そうした自治体で働くことになった委託労働者をそのままにしておかずに、その権利を認めさせ待遇を改善させていくこと……（西河内［2004：2,3］）。

また、荒川区立図書館の中村順は「公共サービスの生きる道――連帯を求めて孤立を恐れず」で、「図書館は、委託をめぐって厳しい状況におかれていると考えるかもしれないが、一歩図書館の外に出てみれば、ごく普通の状況なのである。アウトソーシングは、一般的な仕事の手法でしかない。おうむ返しに「委託反対」と叫ぶだけでは、何の成果も得られない。反対の論拠は、理論的にも、実践的にもほとんど破綻しているのではないか」と、現状を直視する一方で（中村［2004：6］）、「市民は、民間にやらせたほうがいいとごく普通に考える。それではなぜおまえの図書館は委託せず、非常勤職員導入を選択しているのかと問われるに違いない。その答は単純で、私どもの図書館が、コストのみならずあらゆるサービスにおいて、委託を選択した図書館に優る自信があるからだ。この自信が揺るげば、別の道を選ぶことに躊躇しない」と、運用次第では委託という選択肢を撥ね退けることができる、という自信も示している（中村［2004：6］）。「サービスにおいて委託を選択した図書館に優る」

というのは、西河内の言う「図書館サービスのあり方をとことん吟味検討し本質的な論議をしたうえで、自分たちの自治体がいかなる図書館サービスを提供したいということを住民に真剣に提起……」ということなしには言えない言葉である。

委託が進む中で、図書館運営業務を受託する目的でNPOが作られてきている。中には図書館のOBが立ち上げたというケースもあるが、中村はこれについても、「NPOを行政が補完するのが筋なのに、行政を補完する下請け型NPOが続々と設立されている。NPOの評価の要はその独立性だ。特定の業務の受託をミッションとするNPOなどありえない。図書館の一部業務を行なうNPOに存在意義があるのだろうか」と苦言を呈している（中村［2004：6］）。

目黒区立図書館の山重壮一は、「図書館は委託で発展するのか」で、委託のあり方を危惧する立場からいくつかの問題点を指摘する。

> 図書館を全部委託すれば、応対がよくなる図書館は確実にあるだろう。また、夜間の開館時間が延長されたり、休館日が減ったりするところもあるだろう。利用者にとってすばらしいことである。しかし、「開いている」ただそれだけである。図書館を委託すれば、人件費が大幅に浮くかもしれない。しかし、だからと言って、払わなければならない税金が減るわけではない。委託して浮いた費用はどこへ行っているのか？（山重［2004：21］）

あるいは「まともな応対・接客というものは、たとえ役所であっても、ホテルや飛行機の乗務員並みの教育・訓練を実施すれば、必ずできることである。こういう教育・訓練こそ委託してでも実施すべきである。つまり、こういう基本的なことを今まで役所は形式的にしかやってこなかったからいけないというだけなのである」とも書いている（山重［2004：21,22］）。でも、なぜできなかったのか、してこなかったのだろうか。役所の責任にして「まともな応対・接客というものは……」と書いてしまうと、役所、そして図書館はまともな教育・訓練を必要とは考えてこなかったが、ある日それを必要と感じた役所のあるセクションが、図書館を委託化させたとも取れてしまう。

山重の職場は火曜日から土曜日は夜九時四五分まで、日曜・祝日でも夜六時まで開館している。委託しなくとも工夫すれば、委託化のメリットとして取り上げられているようなさまざまなサービスを現に実施できるという自負があるのであろう。しかし委託に踏み切った多くの図書館は、結果として開館時間を延長し、あるいは祝日を開館するようになってきている。年度の変わり目に急に委託が決まり、きちんとした引き継ぎもなされないままに委託職員がカウンター業務を行ない、対応にもたつくということも起きているようであるが、開館時間等を含めサービスが改善されていると、住民はおおむね委託を好意的に受け入れている。そのことを山重もありうるとし、「利用者にとってすばらしいこと」であると認めているが、「しかし、「開いている」ただそれだけである」と決めつける（山重［2004：21］）。この言葉の裏には、質的な課題を追求するための専門職員がいなくては、図書館サービスが成り立つわけがないという自信がうかがえる。しかし専門職員などより委託でいい、祝日なども含め長時間開館してほしいという住民の希望を、委託することで実現させるという手段を、自治体がとったと考えることもできるのではないか。今ではさらに、自動貸出機があればカウンター職員は要らないのではないか、という首長さえでてきている（東京都［2006］）。残念だが「開いている」「借りられる」のが図書館と思われているのである。

委託化の進展によって、もう一つ確実に変わってきていることがある。委託に際して自治体側が司書率を問題にしていることもあって、全体として司書資格を持った職員が図書館に増えていることである。委託で働いている職員で司書資格を持った人たちは半分以上になると言われているが、『日本の図書館』の二〇〇六年版によれば、日本の市区立図書館職員（いわゆる正規職員）の司書有資格者率は四七・八％で、東京二三区に限ってみれば司書は職員四人に一人以下でしかない。区によっては司書率が一桁の区もある。

二三区はどこも複数の、中には一〇館以上の図書館を持ち、一〇〇人を超える図書館員、数十人の司書を抱えている区もある。しかし、少ない司書数で複数の図書館を抱える区では、各図書館に司書が必ず一人はいるという状況にはなっていない。このようななかで、どこまで専門性を発揮できていたのであろうか。職員はいるけれど、資格がなく、希望もしないのに人事異動で回されてきた人たちに、どこまで期待できたのであろうか。その人たちが運営している図書館は「開いている。ただそれだけである」状態ではない、と言いきれるであろうか。

ずっと図書館に関わっていた司書の人たちが、司書資格はあっても経験のない委託職員の仕事ぶりに不満だらけであることは想像できる。しかし図書館で働くことに喜び、生きがいを感じ、安い給料でもがんばっている人たちと、二、三年したら図書館を出たいと考えている人たちでは、働く意欲、利用者との受け答えに違いが出てきているはずである。それでも、司書資格はなくても区の職員で運営するほうがよくて、司書資格はあっても委託職員では役に立たないのであろうか。図書館界は司書の専門性を訴え、図書館に司書をという運動をしてきたのではなかったのか。その意味で西河内の言う「自治体で働くことになった委託労働者をそのままにしておかずに、その権利を認めさせ待遇を改善させていくこと……」としなければ、司書資格は公務員という身分保障がないと役に立つ資格ではないことになってしまうし、司書教育そのもの、あるいは司書資格を、図書館員自らが否定してしまうことになってしまうであろう（西河内［2004：3］）。

山重は図書館のあるべき姿、求められている役割から、次のような問題提起をしている。重要な指摘なので、少し長くなるがそのまま紹介する。

まず、どういう図書館を目指すのか、何のため誰のためにどういうサービスを行なうのか、というヴィジョンを提示すべきだろう。そのための一方法として、委託を構成要素とすることはありうる話であるが、委託自身を目的化するのは愚の骨頂である。

図書館の知る自由、学ぶ権利を保障していくために、資料・情報を徹底して提供していくという図書館の基本的機能は二十一世紀になっても変わらないどころか、強化していく必要がある。この究極のミッションを実現するためにどういうヴィジョンを持つかということが重要なのである。知る自由、学ぶ権利を保障するためには、いつでも開いていなければだめだというのもひとつの考え方かもしれない。しかし、それは、先に述べたように、開いていたって必要な資料／情報が入手できなければ意味がないのである。その人のニーズに的確にミートしたかということが、図書館の最大のパフォーマンス（効果）なのである。

量的な課題を追求しているだけでは不十分であり、質的な課題を同時に追求しなければならない。そして、図書館サービス、つまり資料／情報提供サービスの最も主要な質的要因は何かと言えば、人的支援なのである。これは、単に安上がりなものを目指しているだけでは実現されない。この課題に真摯に取り組む図書館だけが、最も水準の高いサービスを提供することができる。

従って、図書館における、サービスと経営のヴィジョンとは、どのような人がどのような支援をどのような人に対して行なうかということになる。ここで、具体的にはっきり分かることを示すべきである。

例えば、「自治体内の自営業者、中小企業経営者•社員に対して、自前では用意できないデータベースなどの情報源を提供する。そのために、それらの情報源に精通した司書を研修や学習会、大学への派遣等によって養成し、サービスにあたらせる。また、司書をコーディネーターとして、地域の人的情報源の交流を促進させ、資料化されない情報についても組織化していく。図書館として、それらの情報の資料化にも取り組み、全国•世界に発信する図書館を目指す」とか、「不登校、ひきこもりその他の原因により学習する機会を逸してしまった子どもや青少年に対し、NPOと協力して児童、青少年担当司書を中心にプログラムを作成し、必要な資料を宅配で貸出しする。また、これらの人々の就業機会獲得のために資格・認定等取得の学習支援を行い、そのために必要な資料も宅配で貸出しする。併せて、インターネットを活用して、お互いの交流を図り、社会参加へのきっかけをつくっていく」などなど、わかりやすいヴィジョンが必要なのである（山重［2004：24,25］）。

委託して経費を削減したといっても、資料費が大幅に増えるわけではないし、専門的なスタッフやベテランを配置するわけでもないのである。せめて、「人件費を削減して、資料費を大幅に増やし、データベースも多数導入する」とでも言ってくれた方がはるかに気が利いている……（山重［2004：24］）。

この主張には、まったく同感である。これは自戒をこめてのことになるが、今まで図書館界はこういったことに対してきちんと手を打ってこなかった。この論文から三年経った今でも状況は変わっていないように感じられる。そして、とにかく図書館界としては「委託反対」ということだけできたのではなかったろうか。

6　地方自治体の財政

図書館の数は増えているのに、図書館職員数が減り続け、委託化が進み、そのうえ図書館の予算そのものが増えない状況はなぜなのだろうか。国や自治体の財政が悪化し、そのために行・財政改革が進められているという程度の認識はあっても、いざ自分の自治体のことになると予算削減はおかしい、委託化は図書館になじまないと反対する。しかし、次のような視点で自治体財政を見てきているのであろうか。

今まで多くの自治体は国からの財政支援によって自らを維持してきていた。国からの支援には地方交付税と補助金があった。補助金は特定の事業に対してのものであったが、地方交付税は財源の少ない地方自治体に対して、不足分を補塡するための国からの手当てのようなもので、それがあったから自治体財政を賄うことができていたのである。しかし三位一体改革を含む行財政改革、地方分権の推進という流れから、今までのように足りない分は国からの地方交付税で補う、ということが期待できない状況となっている。

総務省の『平成一九年度地方財政白書』によれば、地方交付税をもらっていない自治体は都道府県では東京だけ、その東京を加えて合計一四七団体（平成一七年度）というのが自前でやりくりできている自治体の数である。残りの約一六〇〇自治体[3]が国からの交付税をあてにして、自治体財政を賄ってきていた。しかし、地方交付税の交付は今まで通りにはいかない、というのがいま進められている改革である。

総務省のホームページには平成一九年度予算に関して次のようなデータが示されている。

地方財政の現状

地方財源不足額　四兆四二〇〇億円

地方債依存度　一一・六％

多額の借入金残高　平成一九年度末で一九九兆円（対GNP比三八・一％）（総務省［2007b］）

表5-1　全地方自治体の経常収支比率の推移

年度	経常収支比率（%）
1990（平成２）年度	70.2
1992（平成４）	74.8
1994（平成６）	84.1
1996（平成８）	84.8
1998（平成10）	89.4
2000（平成12）	86.4
2002（平成14）	90.3
2004（平成16）	91.5

経常収支比率＝［人件費、扶助費、公債費等に充当した一般財源／経常一般財源(地方税＋普通交付税等)］×100　（総務省［2007a]）.

地方交付税に支えられてきていたにもかかわらず、自治体財政には更に次のような厳しい現実がある。総務省は自治体財政の状況を毎年報告しているが、その中に経常収支比率という項目がある。これは、自治体の一般会計予算のうち、当然支出しなくてはならない経費、義務的経費（人件費、扶助費、公債費）がどのくらいの割合を占めているか、ということを示す数値である。

この数値は、都市では七五%、町村は七〇%程度が適当と考えられ、それを五%上回るとその地方自治体は弾力性を失いつつあると考えられている。つまりこの数字は、自治体の特性を出すためにどの程度自由に使える予算を確保できているかという判断となる数字である。

表5-1に見るように、一般会計のうち、職員の人件費、扶助費（社会保障制度の一環として、生活困窮者、児童、老人、心身障害者等を援助するために要する経費）、公債費（地方債元利償還金及び一時借入金利子の支払いに要する経費）の義務的経費が、一九九〇（平成二）年度以降増え続け、二〇〇二（平成一四）年度には九〇%を超

えてしまっている。平均であるから、自治体によっては各種事業に使えるお金がほとんどないという
ことも考えられる。弾力性どころか、体面を維持するのがやっとなのである。図書館だけのことでは
ないが、資料費を増やし、人を増やしてサービスを良くしたいと願っても現状維持がやっとで、新規
事業に手を出すことは不可能な状況にある。地方債を発行し、いわば借金で施設建設や事業を行なっ
てきたことが返済に充てるための公債費をふくらませ、高齢化によって福祉関係費を増大させている
ことが経常収支比率を悪化させてきた。公債費は削れない、福祉関係費用も削れないどころか増えて
いるとしたら、もはや人件費を削るしかないという状況に地方自治体は追い込まれているのである。
しかし、この視点から委託化の是非を論じたものはほとんどない。図書館だけは別、ということにな
っているのであろうか。

7 委託問題と図書館サービスの本質

『みんなの図書館』二〇〇四年五月号で、東京文京区立図書館長だった佐藤直樹は「図書館カウン
ター委託から一年――流れぬ川の堰を開けて」と題して、委託化に取り組んできた経緯を書いている。
区内一一館の図書館を統括する館長として着任した佐藤の最初の仕事が、行政改革のためにカウンタ
ー業務の委託化を推進することであった。「当時の区職員全体の人件費比率三一%に対し図書館員の
それは七四・六%と極めて高い水準にありました。『図書館は人で持っている』のだから人件費が高い
のは当たり前だと言ってしまえばそれまでですが……」と、ほとんどの図書館員にはない視点から、

図書館で業務委託が進められる理由を明らかにしている（佐藤直樹［2004：30］）。

前節に見るように、もはや人件費に目を向ける以外にないところまで、自治体財政は危機に陥っている。図書館というのは、人でもっている部分がある。『サンフランシスコ公共図書館　限りない挑戦』に、「どの図書館においても共通なことは、図書館の予算の五〇〜八〇％は人件費だということです」と書かれていて、アメリカでも同じ悩みを抱えていることがわかる（ウィルソン［1995：29］）。問題は、どのような人を何人配置する必要があるということを、役所内はもとより区民にも納得してもらえるようになっているかである。

委託を進めるにあたって、文京区では利用者アンケートをとっている。そこで出てきた要望は、開館日・開館時間の拡大、特別整理期間の短縮、図書資料の充実、レファレンスサービスの充実、インターネットサービスの開始、接遇の向上等であったと報告されている。委託化前のアンケートであることを考えると、「なるべく長時間開いて欲しい」、「図書資料の充実、レファレンスサービスの充実」といった要望からは、職員が対応しても、利用者に充実した図書館サービスをしていると感じさせるのは難しいことがうかがえる。

「『本が買えないのは財政当局が予算をくれないせい』『開館日を拡大できないのは人事当局が人を増やしてくれないせい』。有り体に言えば、『悪いのは私じゃなくてほかの誰か』という『説明』でその場を切り抜けてきたことはなかったでしょうか」という指摘は、いくつかの区立図書館長から聞かされた言葉と似ている（佐藤直樹［2004：32］）。そしてこれは、区立図書館職員である山重の指摘していることへの投げ返しの言葉になっている。

委託にあたって文京区では「図書館運営の望ましいあり方検討会」を設けた。一六名の委員のうち図書館職員が館長を含め一三名、社会教育課、生涯学習課、企画課から各一名の職員構成である。ここで大切なことは、図書館だけの問題としないで図書館以外の職員が参加していること、区民サービスのあり方としての図書館運営について討議を重ねたことである。この方式を、委託化を（指定管理者も同様であるが）進める自治体が必ず通る道としなければ、図書館の目標や政策があいまいなままで外部に運営を委ねることになり、結果として危惧されているような方向に進みかねないことを知っておくべきであろう。検討会のアプローチングテーマは次の七点であった。

①区民サービス向上の具体策　②貸出コスト等の経費分析　③委託の法的整理（地方自治法・文科省見解・労働者派遣法と請負契約との関連）　④基幹的業務と非基幹的業務の分類　⑤プライバシー保護　⑥非常勤職員化と比較した費用効果　⑦非常勤職員化と委託化のメリット・デメリット（佐藤直樹［2004：33］）

検討が進む中で、職員団体・図書館分会、そして図書館職員の大多数が、委託反対の運動を展開していた。委託反対の要点は、

①利用者の声やニーズを直に受け止め、サービスに反映させることが難しくなりサービスが低下する　②区民のプライバシーが守れない　③カウンターに職員がいなくなり館内秩序が守れない　④

不安定雇用の委託スタッフではコロコロ人が替わり、サービスが悪くなる　⑤委託は非常勤採用より経費が高い　⑥委託は「偽装派遣」にあたり、法律に違反する（佐藤直樹［2004：30］）

ということで、九〇年代初めに展開された委託反対の論拠とまったく変わっていない。しかし、社会状況が変わり、図書館への期待も変わっている中で、図書館のあり方だけがまったく変わらないということでは、住民の支持を受けられるはずもない。事実、住民の側から呼応する大きな動きはなかった。

佐藤は、こういった経過を紹介した後、検討会の報告書は、文京区の行財政改革推進計画の具体化について、アウトソーシングの導入には危惧しながらも「今後の図書館運営の多様化に対し、業務の一部に企業のノウハウを導入することで、サービス拡大に弾力的に対応し、職員が基幹的業務に専念することで、総合的なサービスの構築を行なうことが望ましいとされた」と結んでいると述べている（佐藤直樹［2004：35］）。

図書館の委託化反対の議論を聞いていると、はじめに公務員ありきと感じさせられることが多い。公務員の司書だから専門職というわけである。先に挙げたように公務員としての司書は減り続けている。図書館が増えている一方で職員（司書）が減らされている。新規採用はほとんど行なわれていない。資格をとっても司書として就職する道が極端に狭くなっているのである。多くの学生が資格をとっても図書館では働けないでいるにもかかわらず、現職の公務員司書の多くは今もって公務員の司書ならば優秀で、レファレンスもサービスも行き届くから、と民間の力を借りることに懐疑的になっている。公務員の司書でないと経験もないし、力もないという驕りが見え隠れしている。司書率が一〇%そここの図書館も多いので、司書がカウンター業務につくというのはかなり少ないはずにもかかわらず、この状態を守ろうとしている。

委託化によって専門性が失われているという。しかし図書館に限ってみても、その専門性とは一体何をさすのか、図書館員自身が本当に分かっているのだろうか。大学の司書課程で教えられることが専門の教育であると、言い切れるであろうか。目録や分類を学ぶことで高い専門性が身につくとは思われていないため、せっかく学んでもそのことを図書館の日常の中で生かすことはない。大学では国立情報学研究所（NII）での協同目録作業や、図書館間相互協力（ILL）などで、分類や目録の知識が要求されているが、公共図書館では市販のデータベースを購入、それも図書と一緒にという形なので、目録や分類に注意が向けられることも少ない。

時代に即した専門家の育成ということに関しては、慶應義塾大学が修士課程（情報資源管理分野）で「図書館員をはじめとする情報資源管理に携わる専門家に対する再教育の場」（慶應義塾大学ホームページ「社会人大学院概要：慶應義塾大学文学部図書館・情報学専攻　慶應義塾大学文学研究科図書館・情報学専攻」）として、実務者を対象としたカリキュラムを組んでいる。また三年間の限定つきであるが、筑波大学が図書館流通センターからの寄付を受けてNew Public Management（NPM）の考え方を前提とした「新しい公共経営を理解し、高い経営管理能力を持った図書館経営管理担当者の養成」（筑波大学ホームページ「図書館経営管理コース：筑波大学大学院図書館情報メディア研究科」）をかかげ、平成一八年度から図書館経営管理コースを修士課程に開設している。

図書館経営を視野に、両大学ともに新しい時代の図書館を担うべき職員の育成を目標にしている。特に、ＮＰＭを視野に入れ、受け皿となることを目指している図書館流通センターが関わる筑波大学の講座は、明らかに民の図書館管理者を前提に図書館員の育成を考えたものである。この結果がどうなるかは現時点では判断しにくいが、講座で学ぶことで管理者になることができるのか、企画力はともかく、管理者としての実務経験がないと、経営責任者としての判断力に問題が残ると考えられるが、学んだことをどのように活かそうとするのか、ということは見えてこない。加えて、これらのコースで学んだ人たちの処遇はどうなるのか、という問題もある。単に学んだだけなのか、処遇も待遇も従来の司書と異なるという差別化を図られなくてはこの試みは成功するとは考えられない。

西河内の言う「本当に公共サービスとしての図書館サービスのあり方をとことん吟味検討し本質的な論議をし」そのうえで、図書館に必要な専門職員の資質と、どういう身分、資格で働ける状況が望ましいのか、という方向を示すことと、そういうシステムをつくることを国や自治体に認めさせることこそ図書館界の急務である（西河内［2004：2］）。それができれば、委託という形だけを問題にすることもなくなるのではないか。

おわりに

一九九九年のいわゆる「地方分権一括法」の改正、ＰＦＩ法（民間資金等の活用による公共施設等の整備等の促進に関する法律）の成立、二〇〇三年の地方自治法改正にともなう「指定管理者制度」の創設が、図書館は官のもの、官が運営しなければならないという見方を大きく変えることになった。

これまで見てきたように委託化は進んでいたが、図書館界ではともかく、行政の中で、あるいは市民と「図書館の役割、必要性は何か、あるいは司書とその専門性の問題」ということについて、きちんと議論してきているとはいえない。そのため、指定管理者の問題についても、PFIについても、問題提起を受けて対症療法的に異論を挟む程度のことしかできなくて、すべての面で遅れをとっているのが実情である。

いくつかの自治体では、図書館協議会などできちんと議論し、導入しないことを決定している。日本では七〇％以上の図書館が図書館協議会を持っている。図書館協議会は館長の諮問に応じ、図書館奉仕について意見を述べる機関であるから（「図書館法」第一四条②）、もっと議論をし、公表していくことによって、どのような方向が出されるにしても市民の知らない間に導入が決定するという事態は避けられるはずである。

図書館を設置することも含め、運営についての判断は自治体が行なうことであるから、市民自らが考える機会を持つ必要がある。そのためには個々の図書館が、図書館のあり方はもちろん、自治体の財政状況も含め、きちんとした情報提供を行なっていく必要がある。

指定管理者制度に関しては、中嶋哲彦が「公立図書館への指定管理者制度導入の問題点」と題して『図書館界』に書いているのが、国の動きを含め整理されているので大変読みやすいし、理解の助けになるであろう（中嶋［2006］）。

「社会福祉施設、教育施設、公民館等の公的施設の管理・運営に関し、民間への委託が制限されている」として、内閣府は図書館事業等の民間開放の阻害要因を除去することが重点課題の一つと考え、自治体の意見を聞いていたと指摘している（中嶋［2006：77］）。国と地方が一体となって、委託化へと進んでいることに対して、どれほどの抵抗ができるかははなはだ疑わしい。むしろ、委託化のための条件を改めて考えてみることも必要であろう。

中嶋は、指定管理者制度の導入に関して、比較的図書館員の考え方に近い立場を示しているが、次の諸点について慎重な検討が必要であるとしている。

（1）公立図書館を指定管理者に委ねることで住民が得られる利益は何か。それはいわゆる直営方式では実現不可能な利益か。逆に、住民が失うものは何か。

（2）指定管理者が管理運営する公立図書館も社会教育機関である。社会教育機関に求められる管理運営の民主制とその活動の権利保障性はいかにして確保するか。また、指定管理者のもとでそれは可能か。

（3）公立図書館の管理運営を直営方式以上に効果的に遂行しうる民間事業者等が複数存在し、かつそれらは将来にわたって確実に存続するか。

（4）図書館運営に関するノウハウを独占することにより他事業者へのアドバンテージを確保しようとする民間事業者によって運営される図書館は、他の公立図書館との連携協力関係を維持できるか。

（5）指定管理者導入により図書館の管理運営に直接関わる職員がいなくなったのち、地方公共団体は当該指定管理者の管理運営を評価する能力をいかに確保するか（中嶋［2006：78］）。

熊谷弘志は『図書館雑誌』で「ＰＦＩ手法から見た図書館への指定管理者制度導入――サービスの質を評価する仕組みを図書館の指定管理者制度に導入」と題して、日本の指定管理者制度やＰＦＩについて次のように指摘する。

わが国の指定管理者制度や日本版ＰＦＩ手法はサービスの質を客観的に評価する仕組みの導入を絶対条件にしていないのに対して、アウトソーシングや世界標準となっているＰＦＩ手法では、サービスの質を評価する仕組みは不可欠であるという違いがある（熊谷［2005：234］）。

また、「指定管理者制度の本来の導入目的から考えると、官民がお互いに得意な分野に関与できるような業務配分が重要であるが、この管理業務の官民分担についての十分な検討が行われないまま、指定管理者制度の導入手順が確立されかかっている」とも指摘する（熊谷［2005：234］）。

きちんとした業務分析が行なわれないままに、民間に委託する。あるいは、「行政職員がプロの観点から評価するための基準を明確に設定」しないままに、評価システムをつくる。その結果、「カウンターでは利用者をあまり待たせないようにし、苦情がこないようにする」という評価で採点が行なわれていては、良い結果を残せるシステムとすることはできない（熊谷［2005：237］）。

「無料の貸本屋」と揶揄された図書館という道を選ぶのであれば、そのような評価であってもよいが、図書館界が望んでいるのはそのような方向ではないはずである。「図書館の本来業務とは何かについてゼロベースで洗い出したうえで、目標を明確に設定」という熊谷の指摘を、行政は、あるいは図書館界は、改めて考えてみる必要がある（熊谷［2005：237］）。

図書館界に対する提案として、日本図書館研究会の第四七回研究大会シンポジウム「多様化する図書館の管理運営」で、西野一夫が次のように言及している。

図書館に指定管理者制度を導入する場合の一番の問題点は、利潤追求を目的とする組織である民間企業の参加を認めている点にあると考えます。私は、図書館は自治体による直営だけが運営形態としてあるべきだという従来の日本で公認の考え方には、必ずしも組みしません。アメリカなどの公共図書館の運営は、直営というよりも、NPOに近い運営形態であると思っていますし、図書館の運営形態ということでは、ある程度選択の幅があり運営主体相互の競争原理が働くことが必要だと考えています。だから、非営利の団体が継続的に図書館を運営できるのであれば、私の意見としては反対する立場はとらないということです（西野［2006：70］）。

NPOということではニューヨーク公共図書館が有名であるし、別のところで西野は、アメリカの図書館を調査したことにも触れているので、そのことを踏まえての発言であると思われるが、日本でももっと研究されてよいはずである。西野は営利を目的とする民間企業が乗り出すことについては危惧し、反対しているが、NPOであれば日本図書館協会が直接乗り出して図書館経営を考えるべきだ、との見解も披露している。しかしこの点に関しては、五四頁の中村の意見のように、行政を補完するＮＰＯは反対、という異なる見解も図書館界にはあることも示しておきたい。

この章では三つの視点を紹介したが、どの道を探るにしても、まず「図書館とは何か」、「図書館の働き、役割は何か」、「専門職員である司書はどのような役割を担うべきか」といった議論を重ねる必要がある。委託反対の論点を整理していくと、図書館という世界の中で、あるいは外部といっても、一部の応援団との共闘の中で考え出されたものでしかないと感じられる。しかし、それでは行革という既定路線を変更させることは難しい。図書館という世界の中だけでなく、地方自治、国の政策としての図書館という視点もあわせ、幅広い市民との検討が必要であろう。

注

（１）［読書相談］とは、「良書の選択と入手の指針」という説明がある。

（２）「図書館協議会は、図書館の運営に関し館長の諮問に応ずるとともに、図書館の行なう図書館奉仕につき、館長に対して意見を述べる機関とする」（図書館法第一四条二）。

（３）自治体数は二〇〇五（平成一七）年三月末現在のもの。

第六章　開架資料の紛失とＢＤＳ

小林　昌樹

１　蔵書は盗難にあい、紛失する

１・１　用語「紛失」

図書館と書店の違いのひとつに入手確実性とでもいうべきものがある。新刊はもちろん古い本でも古書店へ行けば大抵のものは入手できるが、いつ入手できるかは予測できず、めぐりあわせというほかない。それに対して図書館の場合、所蔵のある本は遅かれ早かれ入手できる。未所蔵でも所蔵館になんらかの連絡がつけば、これもまた入手できる。所蔵していれば目録記載の「請求記号」の指示する書棚のところに行き、その本を見ればよい。もし目指す棚になければ、その本は館内で誰かが読んでいるか貸出中である。朝一番に図書館に飛びこむか、あるいは予約をすれば確実に見ることができる。

しかし、そのはずなのに、朝一番に飛びこんでも本がないことがある。もちろん書架の整頓が行き届かず間違った場所に排架されている場合も十分考えられるが、館内くまなく探しても見つからないことがある。これが資料の「紛失」という現象である。

紛失というより「実態は盗難」だと言うこともできよう（呉［1998］）。しかし「盗難」は現象だけでなく原因まで含んだ概念なので使いづらい。紛失冊数は数えられるが、盗難冊数を数えることは実務上むずかしいからである。なお小売業用語に「万引き」という語があり、特に書店におけるものは本が盗られるという点で同じだが、非営利サービスを身上とするせいだろうか、図書館界では使われていない。

1・2　町田市立紛失報道（一九九六年）――紛失問題のクローズアップ

『図書館雑誌』には全国の新聞に載った図書館関連記事の見出し一覧が毎月掲載される（「新聞切抜帳」欄）。当然のことながら同じ話題が続くとは限らないのだが、ここ数年よく載る主題がある。資料の紛失問題だ。最近は地方紙で多い。

これら一連の報道のさきがけは町田市立中央図書館の事件（一九九六年）だろう。ここは一九九〇年開館の大型館（当時四四万冊）だったが、市民に資料を無断で持ち帰らないようマナー向上を呼びかける「図書館だより」の記事が記者の目にとまり、『朝日新聞』で報道されることになった。開館から五年間で約六万七千冊、一日あたり約三五冊が紛失し、損害額は一億三千万円だったという。年間紛失冊数でいえば全蔵書の約三%が毎年なくなっていたことになる（朝日新聞［1996.5.13］）。この報道は図書館の話題としては珍しく全国紙の一面トップだったため（植松［1999］）その影響は大きく、図書館における資料の紛失が全国でとりあげられるきっかけとなったといえよう。

この事件まで図書館の紛失問題は報道で大きく扱われてこなかった。しかし資料の紛失への言及は戦前からあったし、実は一九五〇年代に日本で「開架（open shelves system; open access）」というサービス形態を始める際には専門誌『図書館雑誌』でも紛失についての論議はあったのである。ではこの間（一九六〇〜一九八〇年代）、資料の紛失はどういう状況だったのだろう。

1・3　開架の導入（一九五〇年頃）と普及（一九六〇年代〜一九七〇年代）

現在では本は手にとって選ぶのがふつうだが、日本では一九四〇年代まで書庫から出してきてもらう「閉架」という閲覧方式が主流であった。これは利用者だけでなく職員にも大変な負担のかかるアクセス方式であるが、それでも主流だったのは本の紛失防止がそれほど重要だったからであろう。利便性や人件費より本の価値が高く見積もられていたのである。複写機がなかった時代、活版の一刷りで一枚しか生み出されないテキストの文化的希少性、利便性も大きなものがあったにちがいない。

占領軍のCIE図書館（後のアメリカ文化センター）が開架の手本を示したこともあってか（松本晉治［1948］）、一九五〇年頃から日本でもようやく開架が採用されはじめる。その流れは「中小レポート」（日本図書館協会［1963］）にも触れられている。実際には、開架の普及過程は明らかではないが[(1)]、ともかくも一九七〇年代には、都道府県立を除くほとんどの公共図書館で開架が主流の閲覧方式にな

表6-1　開架、紛失、BDS 関連年表

19C 後半	米国で開架普及
1873	集書院で開架？（竹林熊彦『日本近世文庫史』）
20C 初頭	英国で安全開架普及
1907	日本初の開架（山口図書館）1911年廃止
1909	開架の紹介（『図書館雑誌』）
1910s	準開架のはじめ（東京市立一橋図書館）
1921	安全開架の導入（東京市立）後に廃止
1923	安全開架の導入（満鉄京城図書館）1945年まで存続？
1929	開架の導入（東京帝大）1938年廃止
1945	開架の見本（CIE 図書館）
ca. 1950	開架の導入（神戸市立1949年など）
1952	紛失調査（JLA 調査部による　石井報告へ）
1953	「消耗品扱い」の提案（図書館大会）
1954	JLA 開架の部報告書（石井報告）
1955	「消耗品扱い」特集（『図書館雑誌』）
1956	JLA 物品管理法委員会（～1957？）
1959	最後期の準開架（小田原市立）
1960s	開架の普及
1963	許容紛失率の提言（「中小レポート」）
〃	開架論争（～1971）
1964	米国で BDS 稼働（ミズーリ州公共図書館）
1969	BDS の紹介記事（『図書館雑誌』）
ca. 1970	万引き防止汎用機輸入（高千穂交易）
1974	BDS 発売開始（住友3M）
1975	BDS 稼働（筑波大）
1970s 後半	公共図書館界に BDS 賛成論なし（伊藤昭治 1997）
1978	業者広報誌の BDS 特集（丸善）
ca. 1980	BDS 導入報告（大学図書館各館）
1980s	BDS 大学図書館へ普及(130館)（『朝日新聞』1984）
〃	BDS 公共図書館へは普及せず
1981	BDS 県立初導入（東京都立中央）
1986	紛失調査（伊藤報告）
1992	BDS 論議（『朝日新聞』大阪本社版）
1995	BDS アンケート（対利用者；市川市立）
1996	町田市立図書館の紛失報道（『朝日新聞』）
〃	公共図書館へ BDS 普及しはじめる
1997	BDS 民主性論争（～2003）
〃	BDS 特集（『みんなの図書館』）
1998	紛失調査（歳森報告）
2002	ペースメーカリセット報道（『朝日新聞』）
2002	紛失調査（『朝日新聞』）
〃	「電磁波過敏症」報道（『朝日新聞』・『アエラ』）

注）JLA は日本図書館協会の略語

っていたようである。

開架は「開かれた図書館」の象徴として引き合いに出されるが、その普及過程について論述した文献は少ない。戦前については沓掛伊左吉［1954］が概略を、戦後は清水正三［1983］が回顧している。簡単な年表を表6―1としてまとめておく。

1・4　紛失の実態「紛失率」

ふつう「書架の公開は、盗難の機会を多く」（今澤［1914］）すると誰でも考える。しかし導入最初期の記事には、開架しても紛失はなかったという記述（志智［1949］）が散見されるのみである。ある専門家は戦前の東京市立における開架の中止[2]を振り返りながら、開架の普及を「公衆の目覚め」によると喜んでいる（武田虎之助［1952］）。その後、現場の実態としてたしかに開架は普及することとなった。

ところがそれから三〇年以上たった一九八六年、図書館研究者によって非常に興味深い調査がなされた。それは全国的な紛失調査だったのだが、その論文の最初に次のおどろくべき指摘がある。

> 公立図書館における紛失図書についての報告は、これまで少なかった。これは紛失図書が無いからというのではなく、公表してその管理責任を問われるのをおそれてのことである（伊藤昭治ほか［1987］）。

伊藤らは、県立図書館と貸出が活発な市立図書館の一九五館を対象として調査した。結果、市立では各館平均およそ一六〇〇冊、県立では五〇〇冊が紛失していた。平均の紛失率は、市立図書館では一・七四%、県立では〇・六二%であると分析されている。ちなみに紛失率とは、ある時点で所蔵しているはずの全蔵書のうち、過去一年間に紛失した冊数の割合のことをいう[3]。例えば、一〇万冊を所蔵する図書館で一年間に一千冊なくなったとすれば、その図書館の紛失率は一%であるとされる(ただし、閉架書庫にある本は理論上、紛失はありえないという理由から、分母を蔵書冊数ではなく開架冊数にすべきという意見もある)。

一九八〇年代半ばの伊藤らによる見立てでは、紛失は連綿と続いており、さらに実際の数値は調査結果より大きくなる可能性があるという。開架導入期の後、専門誌が紛失について沈黙しているのは、やはりこの話題が避けられていたからではないかと思えてくる。

同じ頃、イギリスでも紛失問題が全国的な話題となっている。イギリスでは二〇世紀初頭、「[図書の]盗難、本の損壊および利用者の無秩序の可能性」が心配されたが、実際には「公衆は考えられていたよりもずっと正直で、秩序正しく、知的であったので」開架が普及したことになっていた(Kelly, Kelly [1983]:134)。ところがそれから八〇年後、「英国内務省の全国調査によれば、イギリス全体で年間約八八〇万冊の本が紛失しており、これは図書館全体の年間経費の四分の一以上に当たり、全体の蔵書量約二億冊の二五分の一が毎年失われていることになる」(武者小路[1993])ということがわかった。つまりイギリスの公共図書館では毎年五%にせまる本(正確には四・二%)がなくなっていたのである。二〇世紀はじめに、アメリカの図書館での開架を、「盗難の危険が無いからした

表6-2　全国的「紛失率」調査（平均値）

	調査年	市立図書館	県立図書館	公共図書館	典　拠
1）石井報告	1952	1.35%	0.58%	1.20%	日図協［1954］
2）伊藤報告	1986	1.74%	0.62%	—	伊藤［1987］
3）歳森報告	1998	1.33%	調査せず	—	歳森［2001］
4）朝日新聞	2001	調査せず	0.08%	—	朝日 2002.7.28
5）英国調査	1991	—	—	4.20%	Burrows［1992］

紛失率［年間］＝1年間に紛失した冊数÷全蔵書冊数×100
各調査は便宜的に報告者の代表者名で呼んでいる

という云ふのではなく、危険は有るが必要だからかく［このように］した」のだろうと見ていた図書館学者の常識論（今澤［1914］）が、二〇世紀の終わりにイギリスで証明されたのであった。

日本では、全国の実態は現在不明のままである。近年、朝日新聞社による全国調査が行なわれたのだが（表6―2の4)）、なぜか調査対象を県立に限定してしまったため、全国の傾向は読みとれないものとなった。(4) 紛失は日本全体の開架・貸出を主導している市立図書館でこそ問題だからである。入館者数も開架図書率も貸出も多い「中小図書館こそ、公共図書館の全て」（日本図書館協会［1963＝1973：23］）なのだから。

参考までに数少ない全国的調査の一覧を表6―2に掲げておく。この表には、いま述べたもののほか、現在では忘れられている一九五〇年代の調査結果（石井報告）も加えておいた（日本図書館協会公共図書館部会［1954］）。これらの数値は集計条件が異なり、間隔も開きすぎているため経年変化をみることはできないが、紛失率の相場はわかる。時代は異なる1)から3)が、期せずして一・五％前後という似たような数値となっている。

この表をみると、一九九〇年代になって利用者のマナーが急に悪化したわけではないということがわかる。言いかえると、ずっと以前からBDSを導入する必要性は同じ程度あった（あるいは、同じ程度なかった）ということになる。もし、一％の紛失も許されないのならば、公共図書館にもっと早くからBDSが導入されていてしかるべきであったろう。伊藤らも一九八〇年代末の紛失報告の最後でBDSに触れている。紛失問題を放置することは開架を脅かすことになるとした上で、「責任をもって開架制を維持するためには、今後この問題［BDSの導入］を避けて通れないように思う」と述べている。

1・5　BDSの発明（アメリカ1964）と日本における公共図書館への普及の遅れ

BDSは一九六四年に図書館先進国であるアメリカで初めて設置された機械である。もともとこの機械は、汎用の盗難防止装置として一九六一年に開発されていたのだが、それを辞書などの盗難に応用できるのではないかとミズーリ州のある公共図書館長が思いついた時点でBDSが発明されたといえる（Bahr [1989]）。図書の隠れた場所にあらかじめ電磁波や電波を発信させるタグ（金属製のテープやシール）を仕込んでおき、しかるべき処置をしないで探知ゲートを通ると警報が鳴り、阻止されるというからくりである。アメリカでは館種を問わず一九七〇年代に普及し、当時の専門誌によれば「まさに一九七〇年代は電子式セキュリティシステム［BDS］の時代」となった（小林昌樹 [1994]）。[5]

日本でも、文献で知った旧東京教育大学の職員がアメリカのメーカーへ連絡を取ったことが発端となり（岡部紀夫 [1980]）、住友3M社により一九七四年に発売開始され（図書館雑誌 [1974]）、翌一九七五年に筑波大学の体育芸術系図書館に最初に設置されることとなった。当時の販売業者の広報誌ではその効果がポジティブに評価され、ある大学図書館員は、「導入についての報告は、すべてが肯定的で、批判的な意見を聞かないのが不思議なくらい」（福井［1984：64］）と評している。そしてこの後、「医学系の大学図書館を中心として設置され始めた」（島崎［1978：6］）という。医学書は高価なためＢＤＳの効果がより鮮明であったからだろう。

ところが公共図書館への導入は遅れた。一九八一年に東京都立図書館が設置したのは例外にすぎない。市立では藤沢市総合市民図書館が郷土資料に導入したのが最初期というが、それでも一九八六年のことという。一九九〇年代初頭でも、神戸市立中央図書館、浦安市立中央図書館など部分的にＢＤＳを導入するにとどまり、全館的導入は一九九四年開館の市川市立中央図書館からようやく始まる。

このように進まなかったＢＤＳの導入を加速させるきっかけになった事件が町田市立の紛失報道（一九九六年）である。それまで導入に関しては、大学図書館では比較的抵抗が少なかったようであるが、公共図書館では導入が進まなかった（藤井［1992］）。

実態と同様にＢＤＳについての文献も、一九八〇年前後に大学図書館への導入事例がいくつか報告されてからは跡を絶っていた。当然、公共図書館における「抵抗感」について分析するようなものもなく議論は進まなかった。そしてそのまま図書館界はさきにあげた町田市立の紛失報道に直面することになる。

2　ＢＤＳ導入の論点

公共図書館がＢＤＳをどう扱うかについては、伊藤らの調査があったにもせよ、論理化されにくい抵抗感のなかで紛失報道まで放置されてきたのではないだろうか。逆に言うと、報道によりはじめて正面きった議論がなされるようになり、さまざまな論点が鮮明になったといえよう。

実は町田の紛失報道に先立つこと四年、同じ『朝日新聞』により問題提起がなされていたのだが（朝日新聞［1992.11.28］）、地方版の夕刊だったためか、影響力は限られていたようだ。導入に反対の図書館人（三苫正勝）、肯定派の大学図書館長、さらには評論家などの意見をあつめてコンパクトながら目配りのきいた構成となっている。この記事では政治評論家（当時）だった高市早苗が「図書館がブティックと同じように、自分のところの財産を守ろうとするのに疑問の余地はありません。公立図書館の本は、税金で買った市民共有の財産なんですから、利用する側に義務が生じるのは当然です」と述べている。

2・1　ＢＤＳの医学：健康問題

近年、新聞がＢＤＳの医学的安全性についての疑念を比較的大きく報道した（朝日新聞［2002.1.18］）。これは、ＢＤＳのゲートを通る際、利用者もあびることになる電磁波が、心臓のペースメーカーの個人設定を初期値に戻してしまうというものである。しばらく前、厚生労働省もその可能性を認めて注意喚起の通知を出していたところではあったが、その後も、ある図書館員が労働災害として健康被害「電磁波過敏症」を訴え、それが週刊誌（アエラ［2002.12.2］）で報道されるなど（太田［2003］）、ここへきて安全性についての議論が起こってきた。

このように健康問題は一般メディアで大きく取りあげられるようになったが、専門誌ではそれほどではなかった。アメリカにおいては導入初期に業界団体によって調査が一応なされており、導入から四〇年の間にもとりたてて問題化しなかったことが背景にあるのだろう。

もし、ＢＤＳの電磁波が本当に健康に害になるのであれば、導入を再検討すべきであろう。しかし電磁波の健康被害についてはいまだ論争中のようであり、その帰趨を待つことになろう。万引防止装置について総務省がその安全性を調査したという（木野［2003］）。(6)

ただしペースメーカーのリセット現象は明らかであるので、これまでは上品に、隠すように設置されていたＢＤＳを逆に目立たせる必要があるだろう。ペースメーカを装着している人への「注意書き」も必要となる。

また、電磁波と異なりもっと即物的な安全性の問題として、制止用のドア（横棒であることもある）が公共図書館の場合には設置されないということがある。ＢＤＳは単に図書を探知しアラームを鳴らすだけでなく、遮断器（バー）を閉鎖して当該人物を退館させない装置とセットで開発されている。大学図書館では遮断器も設置されることが多いが、公共図書館の場合には、妊婦や子どものケガ防止のために設置されないことがほとんどである。

2・2　ＢＤＳの経済学：金銭的にひきあうか

民間企業でなにかを導入する際に最初に考えるのは、その経費とそれに見合う効果があるかどうかである。図書館は非営利事業であり同列に論じることはできないが、それでも金銭で効用をはかることができる領域が一部にあり、ＢＤＳはそのよい例といえる。簡単にいえば、ＢＤＳがない場合の年間紛失金額よりＢＤＳの導入・維持経費が少なければ金銭的にひきあい、導入すべきということになる。ＢＤＳの設置費用は一説に、探知機本体に数百万、タグを図書に貼付するのにも数万冊で数百万円かかるという。決して安い買い物ではない。

ＢＤＳの経済性については近年、歳森敦らにより試算がなされた。これは一九九八年に彼らが行なった全国の市立・特別区立の中央館（六五三館、回答は三三〇館）を対象とした紛失調査の際に作られたものである。

試算では一定の条件下で「ＢＤＳ設置効果の損益分岐曲線」が得られた（図６―１）。興味深いことにＢＤＳが経済的に割に合う館は一部の蔵書紛失率の高い館や大規模館に限られるという。ＢＤＳの一番安価な運用（全コレクションをＢＤＳの管理対象とするが、その半数にしかタグを貼付しない）を選んでも、図をみるかぎり、蔵書一〇万冊でおよそ二・一％以上、二五万冊でおよそ一・五％以上の蔵書紛失率がないとペイしないようである。また実際に紛失額が明らかな館のうち、この曲線上で効果が費用を上回るのは四分の一にすぎないという。言い換えると、だいたい四分の三の市立図書館は、ＢＤＳを設置しないほうが経済的にいえば得だということになる。

もちろん「本来あるべき資料がないことによる利用者の損失」は、この調査では測定困難として計

図6-1　BDS設置効果の損益分岐曲線

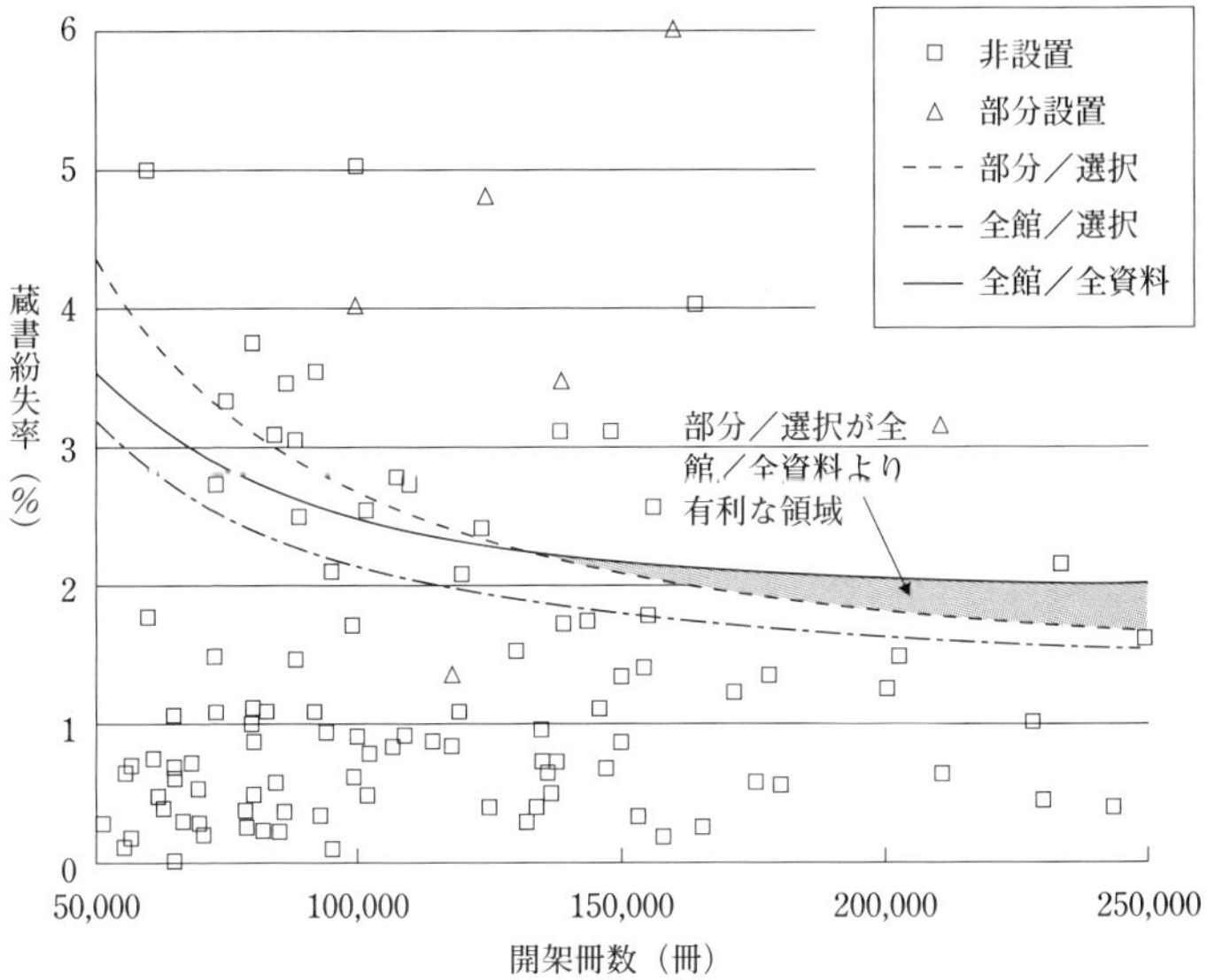

上されていないことに留意すべきであるし、条件をすこし変えれば損益分岐点も大きく変わるという。けれど、このように純粋に経済的な観点からの数字がでたのは画期的である。

紛失額とBDSのコストについてもう少し補足すると、公共図書館で盗難にあって困るのは、図書よりもむしろ新刊雑誌である。雑誌は年間予算が決まっていて、年間購読契約を結んでいるため、盗難にあっても個別に特定の号を発注することが難しい。盗難の被害にあいがちな最新号は貸出をしていないので、他館から取り寄せもできない。雑誌の各号にタグをつければたいへんなお金がかかるので、たいていの場合、雑誌はBDSの対象外である。つまり、盗難防止の装置が、最も盗難で困っている資料には役立たないのである。こう見ると、B

DSの経済効果はさらに疑わしくなってくる。

結局この調査で判明したのは、実際の導入が必ずしも経済的合理性にもとづいているわけではないということである。付随のアンケートによれば、非設置館が設置しない理由の第一位は費用がない、第二が利用者との信頼関係をそこねる、というものであった。どうやら経済合理性よりも財務当局の態度や図書館員の抵抗感といったものが現実にはずっと重要であることが感じられる。「結局此の問題は、経費が節減される、されぬと云ふやうな経済的立脚より打算するべきものでなく、一層根本的に、公開図書館の任務上より決定する可きもの」と大正時代の図書館学者が言っていたこと（今澤[1914]）が今でも当てはまるのだろう。BDSの経済学も結局、「政治経済学」になるということであろう。

2・3　BDSの政治学

仮に「政治学」と題したが、要するに医学（自然科学的事実）や経済学（純粋な金勘定）と異なる価値判断のことである。政策判断といってもよい。BDSの話をすると必ず形で出てくる「抵抗感」とは一体なんなのか、ここではそれを次のように腑分けして順番に論じたい。

まず、図書は紛失してもかまわないとする紛失容認論をいくつかあげる。紛失が許容されるのであればBDSも必須ではなくなるだろう。次にBDSそれ自体が邪悪だという考え方を検討したい。これについては職員の心情にかかわる議論とBDSの「民主性論争」を紹介する。これらが渾然一体となったものが今まで図書館界にあった「抵抗感」や「拒否感」の具体的中身と考えてよいだろう。もっとも「関西の方では否定論が根強い」が、近年、関東では否定論は薄れつつあるとも言われている（みんなの図書館 関西編集部［1997：31］）。

「紛失＝必要悪」説：開架論争（『中小レポート』vs.石井富之助）

「これだけ利用が多ければ、この程度の紛失はやむを得ないといった発想」（伊藤昭治ほか［1987：109］）がある。いわば、「紛失は開架のための必要悪」という説であり、開架の導入期（一九五〇年代）から唱えられるようになったものである。有名な『中小レポート』でも「貸出業務における五％前後の亡失［紛失］は当然であるという正しい理解を、館長が理事者に説明すべきである」(7)と高らかに宣言されている。

今でこそ聖典扱いされる『中小レポート』だが、出版当時は論争の書であったし、今ではほとんど知られていないがこの亡失当然論についても議論があった。それは、小田原市立図書館長（当時）の石井富之助によって提示された「開架論争」とも言うべきものである（金原ほか［1983］）。彼は新館建設（一九五九年）にあたり「準開架」（金網やガラスのなかに陳列された本を選ぶ方式。開架というより閉架の一種。「パチンコ方式」とも言われた）を採用して『中小レポート』のなかで批判されていたのだった。

彼はこの準開架を採用するにいたった理由を次のように述べる（石井富之助［1971］）（原文はエッセイのため論点を適宜まとめた）。

実は自分も全面開架論者だ。実際、最初は米国をまねた開架を「倏な研究もせず、頭から良いものだときめこんで導入したのであった」が、「たちまち図書の亡失という大きな問題にぶつかってしまった」。というのも紛失は一般的な現象で「どの館でも頭痛の種であったことは間違いなく、それが証拠には、この問題はワークショップの話題にしばしばとりあげられた」。けれども自分は次のような疑問点を解決できなかったので開架を断念し、準開架を採用したのである。「中小レポート」を読んでもこれらへの回答があるとは思えない、と。

その疑問点とは、次の三つに要約できよう。

①　許容値の論拠：許容範囲があるとしても数値の論拠が不明確。

②　館長の低い地位：館長は自治体内での地位が低いため、首長部局から個別に許諾を得ることは困難。全国レベル（日本図書館協会）で取り組むべき。

③　法律問題：館界内だけで紛失容認論を叫んでも、社会的に認められないかぎり無意味。法律改正などが必要。

それでもその後、開架が現実に普及してきたことを認めたうえで石井はこう指摘する。

条件の整備などは少しも考えずに公開書架を採用したところにまず第一の問題がある。……しかし、まず公開書架に踏みきった上で条件を整えるという考え方も成立する。それならば、その努力がされてきたかといえば、二〇年経った今日まだほとんど決着がついていない。

開架論争で石井が提示した論点は「紛失を必要悪として受容するにしてもこれだけの問題がある」

というものであった。ではそれからさらに三〇年ほど経った現在、どのような解答があるだろうか。

許容紛失率とそのアカウンタビリティー　疑問の①については許容されるべき紛失率の数値をどこからもってくるか、という問題になる。ひとつには現状のサービスのもとでの紛失率を目安にするという考え方があろう。もちろん、現在これだけなくなっているからといってそれがそのままなくなってもいい量だということにはならないので、この手法は理論上盤石なものではないが、紛失率の平均を調べてそれにいくらかの余裕を持たせた数値を「許容紛失率」として提唱するのが実務上は簡便だ。紛失率の実態についてはさきに述べた一九八〇年代半ばの伊藤報告で知られるようになっており、伊藤ら自身が、その調査結果（一・七四%）から多めに余裕をもたせた四〜五%を許容紛失率として提唱している。また、伊藤らは分母を貸出冊数にする「貸出紛失率」[8]という別種の指標も提言した。「中小レポート」の許容値五%という提言は、偶然にも伊藤提言と同様の数値だが、その根拠があげられていないため論拠が不明だった。紛失率の現状値ならば開架論争の石井富之助その人によって代表される報告（表6―2の石井報告）があったのだが、石井の運営館は「中小レポート」の中で匿名で非難されているくらいであるから、両者の連絡はなかったのだろう。

許容紛失率については伊藤提言において一通りの理路が示されることとなったが、まだ検討の余地は残っていると思う。ほかにも書店の万引き率を参考にできるかもしれないし、現状値からの余裕の設定幅の根拠づけもほしい。

②と③については、判明した紛失を誰が許容するのかという事柄に要約できる。図書館のための特別な制度をつくらずとも、自治体の首長や監査委員の理解を個別に得て、一定程度の紛失の免責をと

りつける可能性はあろう。けれどこれはどのような人物がその役職にあるかという政治的環境によって全く変わってくるため、安定したサービスをするには心許ない限りである。特に館長の地位が低い場合はなおさらであろう。

許容紛失率を専門家団体が提唱すればどうか。監査委員等を個別に説得する過程で、一体どのくらいの値が一定程度といえるのかという点で、間接的な影響を与えることができよう。けれども町田市立紛失報道において日本図書館協会は関与を避けたようにみえる（図書館雑誌［1996］）。専門家とはいえ住民や理事者と無関係に紛失を許容することは法的にも道義的にもできないが、間接的影響という点からはもっと関わってよいのではないかと思われる。

立法による解決をするということは、間接的には取りも直さず住民あるいは国民が紛失を許容するということで、理事者の個別説得より望ましいといえよう。それは資料保管規則をつくり、そこに「免責条項」を盛り込むことである。言いかえると、館長の裁量で紛失を不問に付す権限を行政規則におき、それを適用することにより法的な責任を免れるというものであった。中小レポート作成の中心人物であった清水正三は、免責条項について雑誌に詳述している（清水正三［1955］）。しかしこの条項はどれだけ実効力があるのか、当初から疑問視されており（守屋［1955］）、実際、近年の紛失問題でも、図書館側がこれに言及して免責を求めた例がまったく聞こえてこない。このことはこの条項の実効力について疑問をなげかけている。

これに関連して、購入図書の「消耗品扱い」が紛失の免責になると思われていたむきがあるが（橋田［1955］日本図書館協会［1986b］）、誤解である。これは歳出予算における費目上の扱いの問題にすぎず（守屋［1955］）、もともと会計事務を軽減するための対策であって紛失対策ではない。需用費（消耗品はこの費目に入る）で購入された本は盗られてもよいということでは全くない。

もし大規模開架が現代図書館に必須のサービス形態ならば紛失は不可避なのだから、免責条項は地方の行政規則のような実効性の心許ない下位法令で個別に制定されるよりも、国法レベル（例えば地方自治法の特別法として機能しうるような図書館法の条文）で制定されるべき事柄だろう。

けれども国法レベルの「免責条項」について、モデルになるかもしれなかった物品管理法制定（一九五六年）をめぐる旧大蔵省への働きかけ（図書館雑誌［1956c］）は成功せず、その意義も忘れられている。この運動をリードしていた国立国会図書館は自館のみの救済に成功してしまい（小林昌樹［1999］）、図書の紛失に関する財政・会計法規上の検討は半世紀近くとまってしまった。さらに近年、国立大学が独立大学法人になることにより官庁会計から離脱することで、公会計上の検討をする動機そのものが薄れてしまった。この先、公会計における紛失という点で国立、大学、公共図書館が館種をこえて連携するのはむずかしいだろう。

一九六〇年代から七〇年代にかけて公共図書館は開架と貸出によって大躍進し、その社会的存在感は高まった。その意味でいえば、石井富之助の言いぶんのほうが分が悪いようにみえる。けれど、きまじめな石井の懸念は、そのほとんどが数十年も手つかずになっていることもまた事実なのである。石井の懸念は一九九〇年代以降に出現した「アカウンタビリティー（説明責任）」というキー概念を先取りしていたとさえいえるのだ。

現に開架は普及しているので紛失必要悪説は館界内で受容されているといえそうだが、それは暗黙裡にでしかないだろう。理事者や納税者に十分説明できるほど検討がつくされているわけではない。町田市立の紛失報道を経た今、石井が指摘した点についての検討が改めて望まれる。大躍進のつけはそのまま現在に持ち越されている。

「本泥棒＝花盗人」説　さらにもう一つ、紛失容認論がある。これは必要悪説よりもずっと積極的に容認する立場である。さきに述べた開架論争の際すでに「誰かが持って行っても、その人に利用されているのだから、それでいいではないか」という意見があることが紹介されている（石井富之助［1971］）。このような意見を述べる署名記事はさすがに次にあげるものぐらいしかないが、現在でもこの意見を持つ自治体幹部の話があるので（伊藤昭治［1997］）、地位や時代にかかわらず広く支持者があるようだ。

いささか暴論の嫌いはあるが、今日国たると、地方公共団体たるとを問わず住民から多額な税金を取りあげている。図書が亡失、キ損、消耗して、全国の開架図書が一冊残らず亡失したにもせよ、税金の一部を住民に還元したとは考え得られぬであろうか（橋田［1955：7］）。

この記述は開架率の平均が二割程度の時代のものなので橋田も全蔵書がなくなってもいいと言っているわけではないが、一種のポピュリズムだといえるかもしれない。このような意見は反体制運動が盛んだった時代には支持を集めただろうし、具体的な対策といえば閉架と実施困難な所持品検査[9]しかなかった時代（BDSがない時代）には紛失に直面した館員の心をなぐさめる効果があったことだろう。前述の「消耗品扱い」の誤解も、このような心情を背景にして生じたものではなかろうか。紛失がごく少なく安い本に限られているのならば、この説も十分魅力的ではある。

「BDS＝信頼関係破壊」説（現場の職員が反対）　BDSを設置することは利用者を疑うことであるから反対、という意見がある。利用者との信頼関係を損なうというものであり、BDS登場の初期からあったようでもあり、反対派の主流をなしていたようにも思われるのだが、しかし、この反対は体系的に述べられることがない。ここでは断片を集めてその論理を構成してみたい。

例えば大学図書館への導入初期に、ある専門用語集はBDSの説明で次のように述べている。

こうした装置は紛失本を探したり、再注文するという時間の無駄を省くことになるであろうが、同時に地域図書館［公共図書館］では住民を監視する状況がうまれるので、住民との関係では望ましいものではない（図書館問題研究会図書館用語委員会［1982：565］）。

また、このころBDSを正面から扱ったほぼ唯一の論考（福井［1984］）も、さまざまな論点を指摘しつつも最後には信頼関係破壊説に傾いている。

このような反対論は特に現場の職員に多かったようで、現在でもその傾向は残っている。上述の専門用語集は現場の職員たちが中心となって編んだものであったし、近年でも荒川区立図書館がBDSを導入した際の話に次のような記述がある。

視察に来られた方たちに職員組合が最初にBDS導入を要求したことを説明すると、一様に驚かれる。職員組合は、「利用者・住民を泥棒扱いする」「仕事の手間が増える」などといって反対の声をあげるところだと思っているようだ。まあ、たいていのところは、そうだろう。（西河内［2002］）

さらに、「通常この種の機器の導入に関しては職員の反対が起きるのが普通」というが、現場職員が賛成に転じたのは、この図書館で数年前にきわめて悪質な盗難事例がありみんなが怒ってしまったからという。結局、荒川区立では事務サイドがすでに予算要求をしていたBDS導入に現場の職員も同意することになった。

市川市立中央図書館も早期にBDSを全面導入した公共図書館であるが、新館開館（一九九四年）での導入を打ち出した一九九〇年時点では、やはり職員からの反対があったという（小川俊彦［1995］）。

〈利用者は……〉では肝心の利用者自身はどのように思っているのか。これについては職員が「利用者はいやがっているだろう」という先入観を抱いているせいか調査そのものがほとんどない。実際、一九七〇年頃には一般商店においてさえ、万引防止装置は「お客様を疑うなんてとんでもないといわれ、キワモノ扱い[10]」だったというから無理もない。けれどももうそれから三〇年も経っており、人々の認識も変わっているのではないか。

手近に参照できるところでは唯一、市川市立中央図書館で一九九五年に行なわれたアンケートの概要が公刊されている。それによれば、七割の利用者がBDSがどういうものか知っており、八割がB

DSを容認・肯定していたことがわかる。利用者からみた場合、問題は設置の是非ではなく、誤作動と作動時の職員対応であるという（植松［1999］）。

紛失が報道されるたびに新聞の投書欄などではモラルの低下をなげいたり、その向上を呼びかける論調があらわれる。このモラル論は必ずしもBDSの存否に直結する論理ではないが（モラル向上を呼びかけながらBDSも設置せよという論調もある（読売新聞［2003.11.30］））、肝心の市民はモラル向上論よりも即物的なBDS導入を支持しているようだ。町田市立の紛失問題でも図書館は当初、このモラル論から館報でマナー向上を訴えたのであったが、これにはほとんど反響がなかったという。逆に、新聞記事を読んだ「大方の市民の声も、なぜここまで放置していたのか、早く装置を導入しろというものであった」という（松野［1997］）。

結局、利用者は職員側が気にするほどにはBDSを嫌っていないというのが実状だと思われる。

〔呼称問題――いいかえによる忌避〕　実は、そもそもこの機械をどのように呼ぶかについても議論がある。現在、図書館界ではビーディーエスやブック・ディテクション・システムなどと呼んでいるが、これは商品名が一般名詞化したものにすぎず、部外者には意味がわからない。ジャーゴンのまま社会的な問題となった結果だろう、図書館用語としては珍しく一般新語辞典[11]に掲載されたこともある。

アメリカでは商品名とは別に、当初から図書盗難探知機（book theft detection system）などという呼称があったし、アメリカ図書館協会の用語辞典でも「電子盗難防止システム（electronic security system）」という一般名詞が与えられている（Young［1988］）。日本でも最初は単に「盗難防止装置」と紹介されていたし（図書館雑誌［1969］）、「盗難探知システム」という訳語もあり（Knight［1980］）、

「欧米では一般的にはセキュリティ・システムと呼ばれ」ているという報告もあった（島崎［1978］）。しかし、おそらくは信頼関係破壊説をはばかって言い換える必要が生じたのであろう。国内では普及につれて呼称が「ＢＤＳ」になっていったように思われる（ＢＰＳという呼び名もある。これは他社製品Book Protection Systemの略字）。実はアメリカでも普及初期（一九六〇年代）には同様な反応があったらしい。あるメーカーは、

司書が本の盗難を「無断帯出」とか「記録にない貸出し」などと上品に呼ぶのを聞くと、銀行強盗を「預金残高につりあわないお引きだし」と言った銀行家を思い出す。この手の司書はたいていマナーがよく親切なので、利用者が泥棒になるかもしれないと思いたくないのだろうが、このことが本の盗難を助長しているのではなかろうか（Bahr［1989：100］）。

と司書のナイーブさを正面から批判している。「盗難」という語を使わないまでも、本をディテクト（探知）するシステムなのでそのまま「図書探知機」と訳すのが一番素直だと思うのだが、そうもいかないらしい。例えば国内初の筑波大でも「無断持出防止装置」が「和訳名」とされていたようだ。(12)

近年では東京の特別区図書館長会がこの流れを代表している。近年のペースメーカーリセット問題に関連して、ＢＤＳメーカーが注意書きを掲示する際に「盗難防止装置」「無断持ち出し防止装置」と呼んでいることに対し、これは「利用者に不快の念を抱かせる」として名称変更を各方面に求めている。(13)

日本図書館協会はこれに、協会は以前から「貸出手続き確認装置」と称していたと応じ、厚生労働省や経済産業省に「お願い」文書を送付した。「呼称については、これまで築き上げてきた図書館と利用者との信頼関係を損なう結果とならないような配慮と工夫が必要であると考える」という（図書館雑誌［2002b］）。けれども協会の準公式用語集は「ブック・ディテクション・システム」を見出しにしており、その説明も「盗難防止装置の総称」としている点で矛盾しているのは不思議なことである（ただし、近年の改版で「貸出手続き確認装置の総称」と説明がさしかえられた）。[14]

〔「BDS＝管理主義」説と「BDSの民主性」論争〕　BDSへの抵抗感のなかには、これは前近代的な理念に裏打ちされたものではないかという疑念があったと思われる。西洋中世の「鎖付き本（chained books; chained library）」を彷彿とさせるからだろう。図書館は近代の産物だからだろうか、中世の鎖付き本は特権層による知識独占の象徴として語られることが多い。BDSも同様の機能があるため、反動的なもののように感じられてしまうのだろう。公共図書館としては国内最初に導入した都立中央図書館（一九八一年）には、「開かれた図書館をどう考えるか」という「問い合わせ」（実際には抗議か）が全国の図書館から寄せられたという（長南［1982］）。筑波大のBDSが「管理主義」のあらわれとして新聞に引用されたこともある（朝日新聞［1984.1.19］）。

これについては近年ちょっとした論争があった。町田市立紛失報道をうけて元岩槻市立中央図書館長の渡邊三好が新聞へ投書したものに（渡邊［1996］）、社会評論家の呉智英が反駁を加えたのである（呉［1998］呉［2001］）。

渡邊は町田市立紛失報道に接して、これを契機に図書館がBDSを導入するという「管理主義」になるべきでないと主張した。そして「無防備」な開架で紛失が発生することは認めるが、そもそも無防備が「デモクラシーの原理」にかなうのだという。なぜなら開架は占領期にアメリカ民主主義に学んだ結果として導入されたものであり、知る自由・学ぶ権利を保障する公開制の象徴であるからだという。

一方で紛失は不道徳なだけでなく、「無自覚な成員によるデモクラシーの自己否定」だという。民主主義の象徴たる開架をおびやかすからだ。けれど同時に渡邊は、それを防止するのに物理的手段はふさわしくないと主張する。ＢＤＳでは「もの」は守れても、「こころ」を取り戻すことはできないからだ。だから予算があればＢＤＳでなく他のもの（電子図書館など）にかけるべきであり、紛失対策は「百年河清を待つようでも」利用指導に期待すべきとしている。

このような意見は、『朝日新聞』の「天声人語」でもくりかえされている。こちらは鳥取県立図書館に対する監査（二〇〇一年六月。知事が直接指示）を引き合いに出したうえで、ＢＤＳが導入されようとしているが「そもそも市民に開かれた図書館の理念に反するとの批判は重い」という（朝日新聞[2001.8.30]）。

それに対して呉は、次のように言う。

本だろうとその他の物品だろうと、商店にしろ個人の家にしろ、常に盗難の危険は潜在している。しかし、図書館の本の盗難には、ある思想がこれを促進助長している（呉［2001］）。

というのも、「盗難防止装置や閉架書庫を採用したとしても、従前と同じく、誰もが蔵書は読めるのである。いつでも本を盗めるようなシステムを作らない限りデモクラシーは未成熟だと言うのだろうか」（呉［1998］）。閉架式でもどの利用者も差別なく平等に利用できれば、単に利便性が（だれにも平等に）少ないにすぎないから、原理的には反民主ではないということだろう。

一方で呉は、大学図書館の閉鎖性を容認しているともとれる渡邊の記述（そこにBDSを導入するのは「常識」だという）をとりあげ、詰問する。その「常識」こそデモクラシーの原理に反していると[15]。税金で運営される機関の利用権限が、社会的地位（例えば大学教員という職業）や私的な関係（コネともいう）によって決定的に違ってしまうのなら、それは反民主なのだということだろう。

呉は民主主義を手続きや制度の平等や公平と捉え、渡邊は「こころ」つまり個人の内面、自律性の問題としている点で議論の前提がすれ違っているが、ここでは前者の観点をとりたい。学校などは内面に直接働きかけざるを得ないこともあろうが、図書館はそのような教育機関というより文化機関だと思うからである。さらに行政組織という点からは個人のこころの内面に介入はしないほうがよいし、できないのではなかろうか。

ところで、一般にはネガティブなイメージしかない「鎖付き本」についても、本の公開をむしろ促進する器械であったとの解釈がある。

図書の保存を主要な目的とする図書館および個人文庫では鎖は不必要である。チェインド・ブックス［chained books：鎖付き本］の出現は、図書館の公開との関連で捉えなくてはならない。すなわち、図書館の公開と図書の保存という、いわば二つの相反する目的を充足させる手段として、鎖が登場するのである（川崎［1977：53］）。

たしかに「鎖付き」が発明されなければ、図書は秘蔵されるしかなかったわけで、そのように考えれば鎖というモノは「閉鎖性」という概念をうち破ったシステムなのだ。ＢＤＳという物理的手段と民主や自由という価値概念が直接ぶつかるというのは早計だろう。町田市立の新聞記事にも、「［ＢＤＳを］導入しても開かれた図書館は保たれる」との薬袋秀樹による談話があった（朝日新聞［1996.5.13］）。

そもそも図書館にしてからが、もはや一部の読書家のものではない。現在の図書館は市民の図書館を経て、もっと気軽な大衆図書館となっているのではないか。利用者が一般の普通の人々へと広がっていったことにより、紛失もふつうに発生するようになったというところだろう。利用者みなが「読書人（とくしょじん）」（清朝までの文化エリート）なら内面化された倫理感に訴えるのもよいだろうが、現代日本の市民ないし大衆は普通人である。そうである以上、内面の善導に力を注ぐよりも、ＢＤＳという物理的な枠組みのほうが有効であろう。少しさみしいことではあるが、人々にも受け入れられるのではなかろうか。

3　ＢＤＳ　今後の展望

歳森らの調査で明らかとなったように公共図書館へもＢＤＳが普及しはじめた（歳森ほか［2000］）。普及率も県立では二割を越し、市立でも一割に達しようとしている（日本図書館協会［2002］）。これからは抵抗感から論じもしないという段階を超えて、具体的に運用する際の問題点などを洗い出す必要がある。

例えばレイアウトなどに議論の余地がある。植松によれば、貸出カウンターと出入口の距離をとる図書館設計が増えているというが、そうなれば、出入口にあるＢＤＳのために人を分散したり、ＢＤＳの設置場所に苦労するなりのコストがかかることになる。

また、歳森らの調査研究では、持ち出しを個々に阻止する効果より全体的抑止効果が期待できること[16]や、郷土資料など一部コレクションに導入するのではなく、通説と逆であるが全コレクションに導入するほうが結果として効率的であることなど、重要な指摘も行なわれている。導入の際の参考となろう。

作動時の職員対応なども、専門誌でもっと論じられてもよいのに、断片的（清水隆［1997］）にしかない。

紛失そのものについていえば、資料保管規則の免責条項を再検討すべきであろう。紛失率の低い小規模館ではＢＤＳはペイしない。やはり一定程度の紛失に関しては図書館員が免責されるような制度を求めていくべきだろう。紛失の絶対額が大きい大規模館はBDSを導入することとなるが、導入しても紛失がゼロになることはおそらくないだろうから、やはり免責条項のやっかいになるのではないか。これについて館界での議論は現在ないが、「外部に紛失数などを報告する規定」の不在が新聞で非難されている（読売新聞［2003.11.30］）。それもよいだろうが、免責条項や許容紛失率とセットで議論すべきだろう。

また近年、タトルテープに代わるものとしてICチップといわれる無線タグの技術を用いたBDSシステムが導入されつつある。これはタグに詳細なデータを読み書きできるシステムだが、これから先、蔵書管理にどのように影響していくか見守る必要があろう（清水隆ほか［2005］）。タグの単価が高いという報道もあったが、普及すれば価格も下がると思われる。

電磁波による健康被害が実証されるような状況になると、議論が振り出しに戻ることにもなろう。所持品検査や監視カメラなど、もっと論争を呼ぶ代替手段を考えなければならなくなるだろう。話が一九六〇年代の開架論争まで戻ってしまうことになる。

最後にひとつ。タトルテープにしてもICタグにしても、その貼付が資料保存に与える影響にも注意する必要がある。BDSは資料を保全するシステムなのに、長期的な保存の観点からの指摘もなぜか目にすることがない。

注

（1）今でも全部の本が開架にあるわけではない。一部の本は閉架にあることが現在でも普通である。

開架の普及とは開架率の比率が高まったということである。全国的調査では、市立図書館の開架率は平均一七・五％（一九五〇年）ほど。（文部省社会教育局［1951：70］）一九六〇年代には開架の比率は多くて全蔵書の二〜三割程度だったという（石井富之助［1971］）。また、『図書館白書1980』には「開架の進行」という開架の普及を示す図（図6—2）がある（日本図書館協会［1980：14］）。

図6−2

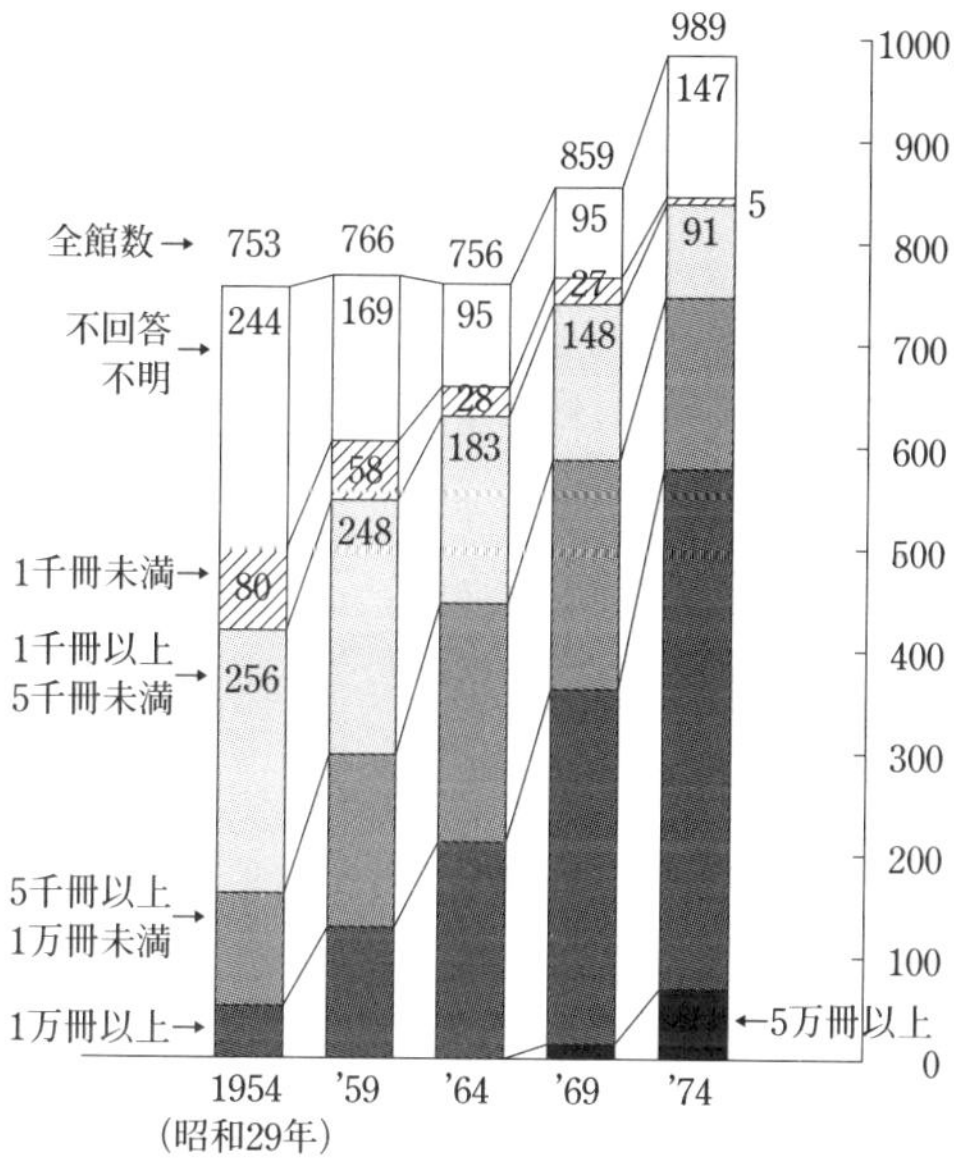

（2）戦前の開架の失敗は、結局のところ紛失が問題となったらしい。戦後の回想では、東京市立駿河台図書館では開架図書の紛失率が七％に及んだという（沓掛［1954］）。開架方式が多かった満鉄図書館の各館を一九三一年に視察した柿沼介は平均二・四％の紛失があったと言っていたという（井上［1937］）。間宮不二雄は一九三五年に「今後此問題ハ益々盛ニ論議サレルデアロォシ、研究対象トモナリ、茲数年オ出ズシテ公共圖ノ活動施設ノ問題中最モ華カナル論題トナルコト疑イナイ」（間宮［1935］）とまで予測したが、実際には正反対に開架は語られなくなった。対米戦争まで六年もあり、戦局の影響とは考えづらい。間宮のあとに開架を話題にしためずらしい

ている。

満鉄図書館の記事（井上［1937］）も、紛失が現に多いので開架をやめるべきという方向で議論されている。

（3）明確な定義がなされることは少なく、専門辞典にもこの言葉はないが、ほとんどの文献では、この全蔵書中の年間紛失率のことを紛失率と呼びならわしている。

（4）記事によれば、九九年度からの三年間で不明本が総計七万五千冊以上、損害額は一億六〇〇万円に上るというが、全県立の蔵書数が約三五〇〇万冊であり、一年間あたり二万五千冊という数字は未回答の県立（約一割）を含まないので、2.5万÷3200万×100＝0.078…となり〇・一％に満たない。紛失率としては信じがたいほど低い値である（朝日新聞［2002.7.28］）。

（5）小林昌樹［1994］に一九六三年とあるが稼働開始は一九六四年である（Bahr［1989］）。また、この世界最初のBDSは3M社製のものではない（Sentronic International 社製）。日本で普及した3M社製が一九七〇年開発のため、その年をBDSの発明年としている邦語文献がいくつかある。

（6）総合通信基盤局電波部電波環境課が担当し「電子商品監視機器」として調査され、平成一七年に「各種電波利用機器の電波が植込み型医用機器へ及ぼす影響を防止するための指針」（http://www.soumu.go.jp/s-news/2005/pdf/050811_2_1.pdf）（last access 2006.9.3）としてまとめられた。

（7）本文中でも述べたが、これはきわめて重要な提言であるにもかかわらず論拠が不明。例えばこの「貸出業務における」という表現も、全蔵書中の紛失率ではないということは分かるが、それ以上の意味はわからない。一見、伊藤らが後に提唱した「貸出紛失率」のようにも見えるが、当時そのような高度な論理があったとは考えづらい。開架図書に限った紛失率、つまり「開架紛失率」のことではないだろうか。

（8）「蔵書紛失率は貸出の多い館で高くなり、活発な活動をする館ほど不当な評価を受けるという欠点がある」という問題意識から、持っている蔵書数に対してではなく、年間の貸出延べ冊数に対する紛失数の割合を「貸出紛失率」とし、指標化を提言している（調査では県立一・七七％、市立〇・七五％であったので、二％を許容値として提言）。

（9）「利用者のカバンの中を、本人の同意なしに開けることは法的にも認められていない（無理に開けると賠償責任が発生する）」という指摘（前田章夫［1997］）があり、検討が必要。また、CIE図書館で実施していた所持品検査を占領国による日本人への無礼な振る舞いと受けとめるむきもあった（蒲池［1955］）。洋行した図書館関係者に所持品検査容認論が散見されることを考えると、カルチャーギャップの類と思われる。

（10）万引き防止装置（センソマチック社製）を輸入販売した高千穂交易社員の証言（朝日新聞［2001.8.6］）。

（11）『イミダス　1998』集英社　1998　658頁。

（12）佐藤博「無断持出防止装置と機器配置の留意点」『大学図書館研究』1988　19頁の注。

（13）日本図書館協会『JLAメールマガジン』（96）2002/3/13（http://www.jla.or.jp/archives/96.txt）（last access 2006.10.24）

（14）日本図書館協会図書館用語委員会編『図書館用語集』1988　283頁。

（15）呉自身は自称「封建主義者」なので、その反民主的「常識」のほうが正しいとしてもかまわないという。

（16）一部にのみタグをつけても全部につけた場合と効果が変わらないという。

第七章　自動貸出機論争

小林　昌樹

はじめに――オートメーションと図書館

司書というと一般にはのんびりと本を読んでいる仕事と思われがちであるが、実際の作業はといえば、アルバイトがやるにせよ正職員がやるにせよ力仕事である。近年ではCD-ROMやオンラインデータベースが導入され「ハイブリッド図書館」が目指されるようにはなったが、それでも当分の間、図書（=紙の束）という非常に重たい物品を取り扱うことが業務の中核でありつづけるだろう。

図書館にかぎらず、業務の自動化・機械化は良かれ悪しかれ近代文明の流れである。以前は図書館界でも「図書館オートメーション」が唱えられていたし、さらにいえば「機械化」以前からあった各種の「図書館用品」「図書館家具」の開発も、もとはといえば、労働集約的な業務をラクにするための図書館員による自助努力からきていた。現在でこそメーカーとユーザーに明確に分かれているが、初期においては図書館員が提案したものを業者が製品化するという一体的活動の成果が図書館用品であった（小川徹［2002］）。

当初の機械化論はほとんど「目録」と「貸出」の機械化で占められていた。バーコードをなぞるという貸出作業の部分的機械化がすっかり定着し、他方、目録機械化の方は、インターネットという黒船によって一転して電子図書館論となった結果、「機械化」というコトバはあまり聞かれなくなった。キーワードが「電子化」に置きかわったため、「機械化」が持っていた「モノを動かす」というイメージがなくなり、議論としてはかすんでしまった感がある。しかし、ネットワーク情報資源だけの「デジタル図書館」が達成されるまでは、本当の意味で図書館機械化論を終わらせることはできない。

第六章でとりあげたＢＤＳも広い意味での機械化であるが、ここでは図書館に導入されつつある機械としての自動貸出システム（以下、〈自動〉貸出機という）をとりあげる。貸出機も図書館専用に開発された機械でありながら、ＢＤＳの場合と同様に図書館界にかならずしもスムーズには受けいれられていないふしがある。日本は例外的に自動販売機が普及した国（鷲巣［2003］）であるのに不思議なことだ。

論説を整理してみたところ、自動貸出機もまた、その機能についてではなく、もっと高次元の社会思想・理念と関連づけられがちなことが分かってきた。このことがこれら機械のスムーズな導入（あるいは熟慮したうえでの非導入）のつまずきの石となっているように思われる。労働集約的な営みを機械化すること自体に反対ならばともかく、実務として自動貸出機を論じる場合には、図書館事業に結果として役立つか否かというプラグマティズムに徹したほうがよいのではなかろうか。「白い猫でも黒い猫でも、ねずみを捕る猫が良い猫だ」というどこかの国の警句が思い出される。

1　議論の前提

1・1　貸出機の導入――公共図書館への普及の遅れ

自動貸出機が日本の図書館に導入されたのは、一九八七年の石和（いさわ）町立図書館（山梨県）が最初であった（小林是綱［1988］）。これはビデオテープの個人貸出用としてであり、当時の館長だった小林是綱の主導によるものである。この時のものは、図書用でなくビデオ専用（名古屋ＣＫＤ社製）であったためか、後の貸出機の議論からは見落とされがちであるが、ニューメディアも図書館に取り込むことを建前としている現代図書館学からいえば、これが日本初の図書館における自動貸出機ということになる。小林是綱はこの後もずっと自動貸出機の導入・普及を館界に提唱しつづけている点からいっても孤立事例ではなく、画期としてよい。

その後、図書専用機が住友３Ｍ社などから発売されるようになり、一九八九年設置の金沢工業大学ライブラリーなど、一九九〇年前後から大学図書館で採用されはじめた（佐藤毅彦［2000］）。一九九〇年代の後半には四〇を超える大学で使用されるようになっていたという（小林是綱［1997］）。

ところが公共図書館への導入はＢＤＳと同様に遅れた。一九九〇年代末にある卒業論文で行なわれた調査では、導入館のうち公共図書館は一割ほどであったという。図書貸出機が公共図書館に入ったのはようやく一九九五年、長野県川上村文化センター図書館が最初であろうと言われている。BDSの普及とおなじような展開であり、やはり自動貸出機に対しても館界になんらかのためらいがあると思われる。

1・2　自動貸出機とは――セルフサービス機

自動貸出機とは、職員の手を介さずに利用者が貸出手続を行なう機械である。利用カードと図書を所定の位置にセットすることにより両者の情報を読み込ませ、貸出記録をコンピュータ内に作成するというものだ。記録作成の際、同時に図書に仕込まれたタグの磁気を抜くことによってBDSのゲートを通過できるようにする機能がつくものもある。その意味ではBDSとセットで運用されることが暗黙裡に想定されているのが貸出機だといえよう（BDSなしでも運用はできる）。さらに貸出機能だけではなく返却機能も備えたものもある。これも利用者が自分でできるようになっている。

メーカーによっていろいろな機能の組み合わせがあるが、例えば住友3M社のものでは、貸出しかできない「PSC」（Patron Self Check）と、返却もできる「ABC」（Automatic Book Circulation）の二種類がある。BDS同様、ABCもPSCも商品の固有名である。

貸出手続きの発展段階には「ニューアーク［式］→ブラウン［式］→フォトチャージング→コンピュータという大きい流れ」があるという（図書館雑誌編集委員会［1976］）。機械による自動化という点でいえば、すでに「フォトチャージング」（マイクロ写真機を応用した貸出機）の段階から図書館界に受け入れられているといえよう。つまり、いささか意外なことに機械であるということはこの装置の特徴ではない。自動貸出機が「これまでの貸出・返却システムと根本的に違っているのは、利用者自身が操作するということである」（馬場［1990］）という指摘どおり、この機械の最大の売りは利用者自身のセルフサービスである点なのである（鈴木三智子［1998］）。

言い換えると「職員が要らない」ということになる。自動貸出機が図書館界内に議論を巻き起こすのは、この点にかかっている。

1・3　機械の信頼性・操作性――返却時の問題

さきに返却機能があるものもあると書いたが、逆に、貸出だけの機械や、返却機能があっても貸出しか運用していない現場もあるという。それはなぜだろうか。

自動貸出機による貸出（の手続き）に失敗した場合、利用者はＢＤＳで止められるため自動的にチェックされる。利用者は貸出をやり直すかあきらめればそれでよく、それ以外の問題には波及しない。これに対して返却を失敗してしまった場合はどうか。

その本に他の人の予約があっても通知できないことになる。もしその図書館が延滞に対してなんらかのペナルティ（新規貸出禁止や罰金など）を課していた場合、ほぼトラブルになるだろう。利用者が返したのに手続き上は未返却のまま、他の利用者が館内閲覧中であれば現物を確認することもかなわない。

結局、返却に関しては職員が確認せざるをえない。現在は改善されたようだが、開発初期には使い勝手や安定性に不安があったようだ。その結果、貸出しか自動化しない図書館や、返却は職員による二度目のチェックをかける図書館がでてきたのも不思議ではない。

返却も問題なくセルフ化できるか否かが、自動貸出機（この点もふまえ自動貸出返却機とも呼ばれる）の機械としてのこれからの成功にかかわってくるといえよう。

2　論点

論争の大枠は、小林是綱を中心とする導入推進派と、それに対する疑問派とで成り立っている。どちらも図書館関係者であり、ＢＤＳと異なってマスコミや評論家は論争に参入していない。

貸出機の場合、本質的な「機能」はセルフであることを述べたが、論争は機能ではなく導入の「目的」をめぐって応酬された。つまり利用者自身が手続きをすることの是非についてではなく、貸出機をなんのために導入する（つもりである）かという点で論争がおこったのである。

もちろん目的がどうあれ、利用者が結果としてどのように使うか、あるいは使わないか、使った結果としてどのような効果、あるいは問題点があるかは、実態論として別の論議になるであろうが、図書館界においては、導入館がどのように唱導して貸出機を入れるかが重要なことと受け止められるようだ。

導入側がさまざまな目的を掲げるのに対して館界の各所から疑問が呈される、という図式で議論が起きた。それらの多くは反対論の立場にたつ伊藤らの論集（伊藤・山本［2000］）の「もっともらしい幻想に惑わされないために」という章にまとめられているが、ここでは異なる観点から再整理したい。

2・1　深夜開館論争——二四時間開館

日本で最初に本の貸出機が公共図書館に導入されたのは、長野県の川上村文化センター図書館であり、一九九五年のことであった。導入の目的は深夜開館のためである。新設された総合文化施設の一部が図書館となったのだが、建設の際に二四時間開館が答申されていたのがきっかけであった（由井［1996］）。

「二四時間開館」は夜間開館（おおむね午後五時以降の開館）の延長ともいえるが、ここでは通常の延長上でなんとか実施可能な夜間開館よりも遅い時間（午後八、九時以降）という意味で「深夜開館」という語を使いたい。

川上村の深夜開館には当地の事情が色濃く反映されていた。この地は高原野菜（レタス、白菜）の有数の生産地であり、最盛期の七月から九月にかけては午前一時から出荷が行なわれるという（澤田［1998］）。また一方で「生活は都市の影響を強く受けて、夜遅くに若い者がコンビニあたりで時間を過ごしている。青少年健全育成の面からも、夜間開放の図書館を作ればそこへ集まるだろうというもの」（由井［1996：12］）でもあった。

山口県須佐町の町立図書館「まなぼう館」も二四時間開館を目的として自動貸出機を導入した。自治体トップから開館時間延長の指示があり、担当者も川上村の事例が念頭にあったので二四時間開館を提案したという（ぎょうせい［1999］）。目的も「半農半漁の町で職種により生活サイクルがまちまちである」「就労者の三分の一が町外で働いていて、行政サービスの時間帯では利用できない」などというものがあった。開館時（一九九八年二月二七日）にはＮＨＫの朝のニュースで中継され平和な町内は「大騒ぎ」になり、ＰＲに役立ったようだ。

これらの深夜開館を伊藤らは次のように批評している。つまり、特殊な事情をかかえた小規模な自治体でならよいかもしれないが、他の標準的な自治体では望ましくない。というのも深夜開館自体、非常に効率の悪いサービスであるし、セキュリティが保てるのも田舎のコミュニティに限られるからという（伊藤・山本［2000］）。

たしかにそのように感じられるが、ここでは自動貸出機ではなく深夜開館そのもののデメリットについて論議されていると見るべきだろう。深夜開館のためということであれば、深夜開館の成功のいかんに貸出機の成功もかかってくるという図式である。川上村の事例なども全スペースを開館しているわけではなく、深夜開館スペースに特別コレクション（文庫・新書のみ）をおいて部分開館しているようなので、言葉の本来の意味での「開館」とはやや異なり、やはり特別なサービスであるように感じられる。

近年、公共の場における「迷惑行為」や経営上の「危機管理」が日本全体で課題となってきているが、図書館も例外ではない（小林昌樹［2002］）。ＢＤＳと一緒に運用すれば、たしかに自動貸出機で紛失を防止できるだろう。けれどもセキュリティ論からいうと、とりあえずヒトのセキュリティ（人間の安全保障；human security）が保たれているかどうかが決定的に重要であり、モノのセキュリティ

(collection security) はあくまで付随的な議論のように思われる。ヒトの安全が保たれるどうかこそが深夜開館の実施に最重要と考えれば、利用者も少ない深夜に書庫や広い閲覧室（開架室）を無人で提供するというのは、いささかこわい。深夜開館が都市部や標準的な自治体で可能か否かについては、自動貸出機の有無ではなく、ヒトのセキュリティの確保にかかってくる。この文脈からの自動貸出機批判は、結局のところ、夜間・深夜勤務にどれだけ職員（警備員なども）を割けるかという問題におきかわってしまう。

2・2 プライバシー論争

最初にビデオ貸出機を公共図書館に導入した際に小林是綱は、導入の目的は第一に省力化であるとしていたが、さらに、「しかも、どんな資料を借りたのかは本人しかわからない。プライバシーとまではいかないが」と利用者の主観、利用心理上のメリットも挙げていた（小林是綱［1988］）。けれど、小林が付随的に（しかも、それを否定する文脈で）言及したにすぎない「プライバシー」という言葉が貸出機論争のキーワードとなってしまう。

きっかけは一九九八年の全国図書館大会であった。中澤徹也（山梨県大泉村八ヶ岳大泉図書館）が発表（一九九八年一〇月二二日）において貸出機導入のコンセプトを述べたのだが、その第一の目的として「プライバシーの保護」をあげたのであった（中澤［1999b］）。これが日本図書館協会の「図書館の自由委員会」委員からつよい反発をうけることになる。

『図書館雑誌』には自由委員会のコラムがある。図書館における市民の知的自由についての時事エッセイだが、ここで委員の藤原明彦が中澤による「プライバシー保護」論を批判して論争がはじまった（藤原［1999］）。藤原によれば、プライバシー保護を貸出機の第一の目的にあげるのは、「業務を処理するのが人ならばプライバシーが侵害されるが、機械ならばされないという発想」であり、プロ職員にとって「侮辱的」だという。

これを受ける形でその翌年、伊藤昭治らによってもこの「プライバシー保護」論はさらに批判された。伊藤らによれば、レファレンスなどでも自分の情報ニーズを開示すればプライバシーをさらすことになり、ことさら貸出しに限ったことではないし、自動機械が唯一の解決方法でもない、さらに自動貸出機とプライバシー保護を関連させるのは「不自然な理由付け」だという。そしてその不自然さは、「本来の目的である「司書の貸出カウンター業務からの解放」への陽動作戦」だからだと断ずる（伊藤・山本［2000］）。

中澤発言の真意についてはひとまず措くとしても、つぎの二つは指摘しておきたい。ひとつは小林是網はプライバシーという言葉を（すくなくとも初期には）否定していたこと、もうひとつは伊藤らの批判の論拠が必ずしも自動貸出機にはなくカウンター業務全体にあることである。前者については対面回避論という別の議論として次にとりあげることとしたい。後者についても、やはりカウンター論争として別に取り上げる。

では論争の核心部分はどうかといえば、これもまた本来は自動貸出機とは別の主題となるのではないか。というのも「プライバシー」という語を法律的なもの、つまり住民の権利、自治体側の義務という文脈から理解するならば、多くの論者が指摘するように自動貸出機であっても貸出記録は職員が把握可能であるから、プライバシーが保護されるか否かはその先の問題、つまり職員の守秘にかかってくる。つまり公務員の守秘義務あるいは専門職論（第四章参照）という別の論点となろう。

このように考えれば、職員が手続きしようが利用者がセルフサービスでしようが、プライバシーが保護されるか否かは職員の守秘義務の問題でしかないということになる。自動貸出機とプライバシー保護は直結するものではないといえるだろう。

ひるがえって、さきの藤原の意見をよく読むと、一見反対論だが自動貸出機そのものについて実は中立論である。導入そのものは「その館なりの事情があり、一概にその是非を判断することはできないと思う」と言っており、自由委員会周辺は「プライバシー保護」論を批判しているだけであることがわかる。

2・3 「対面回避」論

論点の名付けの失敗　プライバシー論争は当時から「全然かみ合っていないのではないかと感じ」（梶井［2000］）られていた。

自動貸出機の導入目的をしらべたアンケート調査がある（山本宏義［2001］）。プライバシー論争の後の調査であるにもかかわらず、「プライバシー保護」という語を目的として回答した図書館も多かった。論争で「プライバシー保護」論派は圧倒的に劣勢だったのに不思議なことである。

各館が「対面回避」「気軽利用」「利用しやすさ」という表現で導入目的を回答していることにも留意すると次のように考えられないだろうか。

導入館は、「単に職員に見られないですむという状態」（山本宏義［2001：58］）を目的としていたのだが、適当な言い回しが見あたらず、さまざまな言葉でその目的を表現した。そしてたまたま類義語として「プライバシー」という表現も使われたにすぎないと。

こう考えてみると議論が全然かみ合わないことが理解できる。「プライバシー」という言葉の意味が貸出機導入派と自由委員会とでは違っていたのではないか。

自由委員会が（仕事柄無意識的に）法的な文脈でこの語を理解し、権利義務の問題を論じたのに対し、導入側は一般語ないし比喩的表現として利用者心理論を展開していたのである。『大辞林　第二版』（三省堂）はこの言葉を次の二つの意味に分節化しているが、貸出機導入派は次の（1）の意味で、自由委員会は（2）の意味で受け取っていたと考えれば、議論がすれ違っていたことが納得できる。

（1）私事。私生活。また、秘密。

（2）私生活上の秘密と名誉を第三者におかされない法的権利。

ここでは法的な権利義務の話と、ただの私事性（はずかしさ）という感情論の混同を避けるため、その場では貸出手続きを職員に見られないですむ状態を「対面回避」と表現したい。導入賛成派も、（1）の意味でプライバシーという語を使わないほうが議論上、有益であろう。

利用者心理　法的プライバシーという語とプライバシー論に混同されてかすみがちになってしまったが、図書館にサービス機関としての側面があるのなら、利用者心理からの是非論は重要だろう。権利義務の話ではなく、「こころ」や「情緒」の問題である。「借りづらい本が貸出機で借りやすくなるか」という問題である。

プライバシー論争でも藤原［1999］の批判を是認した上で、大泉村立の本意は藤原の理解と違うのではないかという指摘があった。

しかし、実際に導入をした大泉村の図書館が抱いている認識とは少しズレがあるのではないかとも感じた。それは、大泉村の図書館の発想が、「利用者が本を借りるときに感じる抵抗感」をなくしてあげたいというところから始まっているものであるからなのではないだろうか（大塚［1999：908］）。

言い換えると、利用者心理論が法的プライバシー論とは別に成立するという指摘である。

小林是綱はビデオしか自動貸出していなかった当初から次のように述べている。

これは図書館奉仕論の中では賛否両論分かれるところですが、あえて、フィルム自動貸出し機の成功からいえば、図書資料の貸出しにもこの種のものがあってもよいと言えます。性に関する本、離婚・遺産相続等の法律に関する本、悩み事を解決してくれる本などは、閲覧室では読まれているのに貸し出されることは非常に少ないのです（小林是綱［1989：4］）。

さきに引用した大塚も大泉村八ヶ岳大泉図書館を実際に見学し、利用者と職員のコミュニケーションも成立していると認めたうえでこう述べる。

自動貸出機が図書館の自由の面から有効かどうかというのではなく、利用者の心理的な抵抗感をどう認識し、それをなくしてあげるにはどんな方法があるのかというような角度からの議論が必要と思う（大塚［1999：908］）。

これにはまた「こらむ図書館の自由」に反論があった。「［その種の］視点からの議論は不毛」だという。というのも、職員は貸出業務をつうじて「利用者の秘密［情報ニーズ］」を知ることでサービスの質を高めることができるのであり、自動貸出機が導入されるとその機会がなくなってしまう、というものである（竹島［1999：963］）。

この竹島の意見には小林是綱［2000］が反論を寄せている。利用動向の把握なら貸出時ではなく返却時のほうが（時間の余裕からいっても）適しているとし、そもそも利用動向を見られていると利用者が感じること自体が、利用者にとって負担だと『市民の図書館』を引用している。

図書館の利用を阻害している大きな理由の一つが、利用者個人の読書傾向を図書館がみているのではないかという心理的な負担である（日本図書館協会［1976：53］）。

しかし竹島の反論は、むしろ情報ニーズを把握する場所という別の主題（次に述べるカウンター論争）を指摘する結果となっており、利用者心理そのものについての議論ではないとみるべきだろう。

対面回避の効果は　利用者の心理的抵抗感の除去という観点からは、「その効果が測定しにくい。導入の付随的効果としては理解できるが」という意見があり（山本宏義［2001：62］）、「実証的検討が望まれるといわれているが（佐藤毅彦［2000］）、一般的に言えばむしろ「かなりある」と見るべきではないだろうか。

例えば消費者金融で一九九三年から使われるようになった無人契約機（アコムの「むじんくん」が最初）も、審査のためカメラの向こうには職員がいる。つまり単に対面回避しているにすぎず実際には決して「無人」ではない（誤解を防ぐため後から「自動契約機」と呼ばれるようになったという）。しかしながらこの機械は新規の市場を開拓したといわれ、対面回避の心理上の効果がかなり大きいことをうかがわせる。

また、自動販売になじまないとされる新聞雑誌の販売機（鷲巣［2003］）のうち、ある程度普及したのは「有害図書」を扱うものであったし[1]、インターネット書店でヌード写真集がよく売れているという話も聞く。そう考えると、対面回避によってある種の本は確実に借りやすくなるのではないだろうか。

さすがに公共図書館に本物の「成人図書」はないだろうが、小林の言うように性、民法、家庭不和、悩みごとや、さらには病気や政治、宗教の本など、それなりに外聞をはばかる本はあるだろう。

ただし、貸出機の導入目的に対面回避による借りやすさをおくのならば注意すべき点がある。返却においても対面回避できなければ無意味になることだ。もちろん返却に若干の不安要素を抱える自動返却機で手続きをせずとも、返却ポストを開館時間でも運用するなどの措置をとればよいことであり、アメリカの図書館のようにカウンター脇に返却ポストに替わるブックドロップを置くこともできる。また、心理という点からは利用者が自分で操作できるという充実感・達成感について指摘する意見もある（山本宏義［2001］）が、そのような文脈では機械が特定層（例えば児童）に独占され、実用性が低下するという危惧もある（鬼頭［2001］）。

2・4　省力化の果実——人減らし、混雑緩和そしてカウンター論争

貸出機の最大の効果は省力化である。これはほとんどの論者が最大の効果として言及するものだし、導入館の多くも目的としてあげている。しかしこの省力化をどのような方向で活用していくか、つまり省力化の目的を設定することが当然必要で、それには次の三つの方向が考えられる。

人減らし（定員削減）　一つは単なる「人減らし」であるが、これは図書館経営よりも上のレベル、その自治体の政策決定・政治過程という極めて重い問題となってくる。もし、貸出機の導入が単なる人減らしとなるのならば、それまで貸出作業の周辺で行なわれていた（はずの）人的援助（読書案内・レファレンス）が消えてなくなるということになり、実質的なサービス低下とはなろう。「メーカーがそれ［プライバシー保護説］を強調するのも、「人減らし」との批判への言い訳ととらえるべき」（伊藤・山本［2000：188–189］）といった「人減らし」警戒論があるのは、目に見えにくい形でのサービス低下を懸念するからなのだろう。しかしここでは、そのサービス低下が管理部局や納税者に見えるかどうかは後に述べるカウンター論争の問題になることと、住民がそれを選ぶという自治も（残念ながら）ありえるといった点を指摘するにとどめたい。

混雑緩和　図書館経営論の範疇としては貸出機によって混雑緩和を図るというものと、浮いた人力をより高度な人的サービスに転用するというものがある。

混雑緩和については、貸出の絶対数が少ない町立図書館の実績では自動貸出機の有用性を検証できないと疑問を呈するむきもあったが（伊藤・山本［2000］）、これについては、浦和市（現さいたま市）の図書館で問題なく使われているとの報告があり（鬼頭［2001］）、その効果が認められつつある。それによれば浦和市立東浦和図書館（現さいたま市立東浦和図書館）は開架一〇万冊で三台設置して、従来一人だった案内カウンターを二人に増員し、貸出カウンターにも余裕が出たという。人による貸出と自動貸出機が並列的にうまく運用されている事例であろう。

人的援助の強化――カウンター論争とのリンク　開発関係者によって実用化以前に図書の自動貸出機が紹介された際に、その文章は次のように締めくくられていた。

このシステムが稼働するようになれば、カウンター担当者の負担が軽減され、レファレンス業務などにおいて一層充実したサービスを利用者に提供できるのではないだろうか（大原［1987：153］）。

導入派の小林是綱はもちろん単なる人減らし論ではない。職員数の絶対的少なさ（石和町立は当時職員四名アルバイト一名）が貸出機導入に結びついたことは否定できないが、小林は当初から貸出機による省力化の余裕を貸出作業以外のサービスに活用するよう提唱している。「図書館案内やレファレンスをしっかり行うためには、カウンターは忙しくないほうがよい」（小林是綱［1997：56］）。さらに後になると彼は「読書案内やレファレンスは、カウンターよりもフロアワークの方が適している」としてカウンター業務そのものに疑問を投げかけるようになった。

近くのショッピングセンターで欲しい物を探すときのわれわれの行動は、まずは自分でサインを見ながら品物を探し歩く。見つからなければ、フロアーで仕事をしている親切そうな職員を探し、尋ねる。決して最初から忙しくレジを打っているカウンター職員のところへは行かないであろう（小林是綱［2000：193］）。

自動貸出機の導入目的が単なる人減らしというのはむしろ稀で、たいていの場合、生じた余力で人的援助（レファレンス、読書案内、利用案内、リクエスト受付など）を改善・強化するという方向がうちだされる。さきの混雑緩和論も、間接的には人的援助の改善・強化につながるだろう。しかし、この自動貸出機による人的援助強化論は同じ時期に繰りひろげられていたカウンター論争と結びつけられて解釈されることとなる。

実は自動貸出機が登場した一九九〇年代は、折しも薬袋秀樹によって貸出・案内窓口分離論が提唱されていた時期であった。これは管理部局や利用者に司書の専門性を明示するためには貸出窓口と案内窓口を明確に分けるほうがよいという提言である（薬袋［1994a］［1994b］）。けれども日本の伝統的なサービス観では、「貸出業務」はバーコードをなぞるだけの単純作業だけでなく、それ以上の意義があるというものが主流であった。薬袋の提唱に対しては、館界各所から反論が提示されるという図式で論争が展開された（山本昭和［2001b］）。ここではこの窓口分割・分離の是非論を「カウンター論争」と呼んでおきたい。

自動貸出機のプライバシー論争で伊藤らが中澤説は法的に成り立たないと指摘するだけでなく、中澤説が出たこと自体を「不自然」と捉え、「本来の目的である「司書の貸出カウンター業務からの解放」への陽動作戦」（伊藤・山本［2000：188］）だとまで言うのは、逆に伊藤らが「貸出とは……相談も予約も含めた総合的な資料提供サービスの現場」と考えており、中澤説の背後に小林是綱の「フロアワーク」論を透かしみているからであろう。小林のフロアワーク論はカウンターそのものに疑問をむけるという点で薬袋提言より過激（？）なものであるが、両者とも同様に「貸出カウンターでのやりとりを軽視」（山本昭和［2001b：266］）していると伝統的な立場から批判されることとなった。

伊藤らが、海外（カナダ・北欧）におけるものは批判しないで日本における自動貸出機には批判的なのも、「伝統的に貸出カウンターでの利用者との接触を大きな要素として図書館サービスを拡大してきた日本での自動貸出機導入は同列には論じることができない」からだという（伊藤・山本［2000：179］）。さらに、この日本図書館界の伝統論に加えて日本人の国民性を貸出カウンターの優位性に結びつける意見もある。

日本の公立図書館が持つ歴史的イメージや、日本人の遠慮がちな性格を考えるなら、多くの利用者にとって貸出・返却カウンターこそが最も問いかけやすい場所なのである（山本昭和［2001b：266］）。

また、単に業務の切分け問題としてだけでなく、自動貸出機を専門職論と結びつけて考えるという観点もある。初期の自動貸出機を見学した図書館員はこう述べている。

たしかに利用頻度の増加にともない、貸出返却業務は、頻繁になる。カウンター係であれば、誰でも、一度や二度、「自動貸出システム」の夢を見た経験があるにちがいない、……「しかし」我が国の図書館員の多くは、カウンター業務こそが、図書館サービスの「顔」であり最前線であると信じている。……結局、本当に必要なサービスであれば、どのように忙しくても実施できるはずである。それがプロフェッションとしての図書館員である（馬場［1990］）。

貸出機の混雑緩和効果を認めつつも、専門職としてはそのような機械に頼ることなく「どのように忙しくても」（案内を含む）貸出を十全にすべきである、という意見である。

しかし考えてみれば、自動貸出機の是非とカウンター分割論は関連はするが、「貸出機導入→窓口の分離」という順序ではなく、むしろ逆に窓口を分離するかしないかが決まった結果として貸出機を使うかどうかが決まってくるのではなかろうか。窓口分離をしないまま貸出機も使うというケースもありえる。そう考えるとカウンター分割反対派は、自動貸出機そのものを直接批判する論理は持ちえないように思う。

本当はどこで利用ニーズを把握すべきなのか。独立した読書案内なのか、フロアなのか、それとも貸出作業の合間なのか、調査・研究されていないようなのでここではわからない(2)。この点が明らかになった後で自動貸出機が普及すべき度合いも明確化するのではなかろうか。

また、自動機械がプロフェッションとしての矜持を刺激する面があるとしても、だからといって自動貸出機を導入しなければ司書の専門職性が認められるというものでもないであろう。貸出作業の補助として導入したとしても、それが単なる「人減らし」にならなければ原理上、問題はないと思われる。もちろん、それが人減らしの呼び水になるから政治的、政策的に反対すべきという意見もありえる。

3 今後の展望

表7―1にみられるように自動貸出機はおよそ一割の市立図書館で導入を検討中であるという（図書館雑誌［2002］）。現在も普及が進んでいることだろう。そうなればBDS同様、設置したうえでの運用法の改善についてもっと議論があってよい。例えばせっかく導入しても置き場所が目立たないために利用者が使用してくれないという事例もあるようだし（鬼頭［2001］）、それこそプライバシーを保護する物理的な工夫が足りないという指摘もある（石谷［2000］）。能力向上の研究や提言、さらには販売価格の値下げ交渉なども課題だという（小林是綱［2000］）。

また、こと自動貸出機に限っていえば、図書館員の観点よりも利用者の観点を大切にするのがスジ

表7-1　自動貸出機・BDS 導入状況（2001年 JLA 調べ）

設置母体別（回答館数）	自動貸出機 導入済み	導入予定	検討中	BDS 導入済み
都道府県立（65館）	1（2％）	2（3％）	12（18％）	14（22％）
市区立（1596館）	12（1％）	8（1％）	121（8％）	116（7％）
町村立（990館）	8（1％）	2（0％）	46（5％）	21（2％）
大学付属（1195館）	107（9％）	11（1％）	222（19％）	調査せず
短大付属（341館）	0	2（1％）	18（5％）	調査せず
高専付属（58館）	0	0	8（14％）	調査せず

ではなかろうか。貸出機そのものは利用者に直接害を与えるようなものではないうえ、利便性を提供するかもしれない単なる機械である。プライバシー論争、カウンター論争など間接的に影響する議論はあり、それらは別の研究・討議対象になりえるとは思うが、それとはいったん切り離して考えられないだろうか。

たとえ貸出機が導入されたとしても、図書館から人的サービスが消滅するとも思えない。歴史主義的な観点から述べれば、一般商店における自動販売機の歴史がそれを物語っている。全自動の無人小売店は歴史上存在したにもかかわらず姿を消し（鷲巣［2003］）、コンビニやファーストフード店でさえ有人サービスがなくなる気配はない。機器の導入が進めば進むほど、専門的、あるいは分野横断的・メディア横断的な人的支援が必要になってくる可能性はある。「司書がなにかについての専門家たりえるのであれば、図書館の機械化も落ちつくべきところに落ちつくのではなかろうか。

注

（1）「対面販売でないところから、だれでも気軽に買えるのが特徴」といわれた（内川・稲葉［1982：86-87］）。

（2）　カウンター論争の帰趨はまだ明らかではないが、「実際のサービス現場に与えた影響は非常に大きい」（田井［2001］）という分割反対派の認識などから、薬袋提言の影響の大きさを推し量ることができる。

執筆者紹介

田村 俊作（たむら　しゅんさく）　編者、第2章
1949年生まれ／慶應義塾大学大学院文学研究科図書館・情報学専攻博士課程単位取得退学
現　　在　慶應義塾大学文学部教授
主要著作　「レファレンス・プロセス研究の進展」（『論集・図書館学研究の歩み　第10集：レファレンス・サービスの創造と展開』日外アソシエーツ、1990）、『情報サービス概説』東京書籍、1998（編著）、『情報探索と情報利用』勁草書房、2001（編著）

小川 俊彦（おがわ　としひこ）　編者、第5章
1939年生まれ／文部省図書館職員養成所修了
現　　在　NPO図書館の学校　常務理事
主要著作　「これからの図書館サービス」（『季刊文教施設』No.9, 2003.1）、「図書館におけるボランティアの可能性を考える」（『図書館雑誌』Vol.97, No.11, 2003.11）、「PFIの図書館」（『図書館の学校』No.64, 2005.4/5）

小林 昌樹（こばやし　まさき）　第6章、第7章
1967年生まれ／慶應義塾大学文学部図書館・情報学科卒業
現　　在　国立国会図書館主題情報部
主要著作　「アメリカの図書館における危険管理の発展」（『図書館経営論の視座』日外アソシエーツ、1994）、「物品管理」（『図書館情報学ハンドブック』第2版　丸善、1999）、「図書館の危機管理総論　リスクの全体像とさまざまなアプローチ」（『現代の図書館』Vol.40, No.2, 2002.6）

鈴木 宏宗（すずき　ひろむね）　第3章
1970年生まれ／法政大学大学院人文科学研究科日本史学専攻修士課程修了
現　　在　国立国会図書館主題情報部
主要著作　「国立国会図書館長としての金森徳次郎」（『図書館文化史研究』No.21, 2004）、「帝国図書館長松本喜一について」（『図書館人物伝』日本図書館文化史研究会編　日外アソシエーツ、2007）

安井 一徳（やすい　かずのり）　第1章
1982年生まれ／東京大学教育学部総合教育科学科卒業
現　　在　国立国会図書館総務部
主要著作　『図書館は本をどう選ぶか』勁草書房、2006（図書館の現場5）

渡邉 斉志（わたなべ　ただし） 第3章、第4章
1967年生まれ／北海道大学文学部文学科卒業
現　　在　国立国会図書館調査及び立法考査局
主要著作　「都道府県立図書館の機能に関する言説の批判的分析」（『現代の図書館』Vol.44, No.4, 2006.12）、「ドイツにおけるインターネット情報資源収集の制度化」（『日本図書館情報学会誌』vol.53, No.1, 2007.3）、「電子媒体情報への課金をめぐる議論の分析」（『図書館評論』No.48, 2007.7）

索　引

ア行

カ行

サ行

タ行

ナ行

ハ行

マ行

ヤ行

ラ行

アルファベット

参考文献

凡例

1　本文各章で言及した文献（電子ファイルや Web ページを含む）を一括収録した

2　その他に、本文では引用していないが重要だと考える文献も収録している

3　再録されているものなどには「＊」の後に注をつけている

4　排列は著者の五十音順とし、最初に外国人著者（翻訳を含む）をアルファベット順に排列した

5　特集記事・無署名記事は雑誌名・新聞名のもとに排列した

Bahr, Alice Harrison. "Electronic collection security" Encyclopedia of Library and Information Science. Vol. 47. New York, Marcel Dekker, 1989, p.77-81.

Burrows, John et. al. Theft and Loss from UK Libraries : A National Survey. London, Home Office, Police Dept, 1992, 56p. (Police Research Group Crime Prevention Unit series ; paper No. 37)

Goode,W.J. The Librarian: from occupation to profession. Library Quarterly. Vol.31, No.4, 1961. 10, p306-320.

———— Principles of Sociology. McGraw-Hill, 1977, xv,543p.（松尾精文訳『社会学の基本的な考え方』而立書房，1982，623頁）

Kelly, Thomas, Kelly, Edith.『イギリスの公共図書館』［Books for the People : an Illustrated History of the British Public Library］原田勝，常盤繁訳，東京大学出版会，1983，286頁.

Knight, Nancy H.『図書館用盗難探知システム：最新の調査（抄）』［Library Technology Reports. Vol.15, No.3.］福島寿男，豊田淳子［訳］，国立国会図書館企画教養課，1980，23頁.（将来計画調査会資料．図書館建築シリーズ；２）

Parker, Sandra "Public libraries in Japan: A glimpse of the Far East," Update: Library＋Information. Vol.4, No.12, 2005.12, p.33-35.

Schlachter, Gail. "Quasi unions and organizational hegemony within the library field," Library Quarterly. Vol.43, No.3, 1973.7, p.185-198.

Todd, Katherine. "Collective bargaining and professional associations in the library field," Library Quarterly. Vol.55, No.3, 1985.7, p.284-299.

Young, Heartsill ed.『ALA 図書館情報学辞典』[The ALA Glossary of Library and Information Science] 丸山昭二郎ほか監訳，丸善，1988，328頁.

IT 戦略本部「IT 政策パッケージ――2005：世界最先端の IT 国家の実現に向けて」2005.2 〈http://www.kantei.go.jp/jp/singi/it2/kettei/050224/050224pac.html〉（最終アクセス2007-10-1）

相賀昌宏「小学館社長相賀氏に聞く、権利ビジネスで出版不況を克服：図書館貸し出し有料に」『日本経済新聞』2002.7.24

『アエラ』「電磁波で頭痛はおきるのか／図書館利用者の戸惑い」Vol.15, No.51, 2002.12.2, p.90-91.

明石浩「無料原則は図書館の魂：誰のための図書館？どこへ行く図書館？」『こどもの図書館』Vol.46, No.7, 1999.7, p.1.

秋岡梧郎「開架法の理論と実際」『図書館雑誌』No.128, 1930.7, p.145-148.

『朝日新聞』「開学10年迎えた筑波大の青春／周到な管理の中で「気まま」に生きる学生（状況'84）」1984.1.19

――――「図書館の盗難防止装置（甲論乙駁）」1992.11.28. 夕刊（大阪本社版）

――――「図書館　消えた6万7000冊」1996.5.13

――――「万引き防止装置　必ずどこかで見張ってる（技あり）」2001.8.6

――――「図書館の頭痛の種、本の盗難増える（天声人語）」2001.8.30

――――「図書館でペースメーカーがリセット」2002.1.18

────「図書館、不明本７万5000冊、損害１億円超す　朝日新聞社調査」2002.7.28
足立区にもっとよい図書館をもっとつくる会「足立区図書館公社委託問題の現状（その2)」『図書館雑誌』Vol.80, No.7, 1986.7, p.391-395.
阿部峰雄「公共図書館は無料貸本屋か？」『図書館雑誌』Vol.92, No.12, 1998.12, p.1106-1107.
安保大有「調布市立図書館の経験」『現代の図書館』Vol.36, No.4, 1998.12, p.240-245.
石井昭「図書館をサポートする仕事」『ず・ぼん』No.11, 2005.11, p.16-39.
石井富之助「公開書架の問題」『私論市立図書館の経営』神奈川県図書館協会，1971，p.75-88.
石村善助『現代のプロフェッション』至誠堂，1969，261頁.
石谷エリ子「だって、だって、お客様のプライバシーは……（こらむ図書館の自由)」『図書館雑誌』Vol.94, No.11, 2000.11, p.887.
市川市立図書館『図書の管理保全に関する参考意見：ある図書館専門窃盗犯のおぼえ書き』市川市立図書館．1962，９頁．＊日本図書館協会資料室蔵．謄写版
出井信夫編著『指定管理者制度』学陽書房，2005，261頁.
伊藤了「プロフェッション社会学の研究動向：「自律性」の次元での若干の考察」『東北大学教育学部研究年報』No.44, 1996.3, p.115-130.
伊藤順「無料原則と公共性：複写料金の適用根拠をめぐる行為論的考察」『図書館界』Vol.38, No.6, 1987.3, p.339-346.
伊藤昭治「誰のための図書館か「無料貸本屋」論に惑わされないために」『図書館雑誌』Vol.81, No.7, 1987.7, p.375-378.
────「開架制を維持するために：BDS とのかかわり」『みんなの図書館』No.238, 1997.2, p.41-47.
────「まだ言いつづけなければならないこと」『図書館人としての誇りと信念』出版ニュース社，2004，p.10-65.
伊藤昭治ほか「日本の公共図書館でビジネス・ライブラリーは成り立つか」『図書館界』Vol.33, No.3, 1981.9, p.146-155.
────「公立図書館における図書の紛失に関する研究」『図書館界』

Vol.39, No.3, 1987.9, p.109-118. ＊次の文献に改題加筆され再録。
伊藤昭治ほか「開架制を維持するために」『本をどう選ぶか』日本図書館研究会，1992，p.102-117.
伊藤昭治・山本昭和『本をどう選ぶか』日本図書館研究会，1992，256頁.
―――「第7章　もっともらしい幻想に惑わされないために」『公立図書館の役割を考える』日本図書館研究会，2000，p.179-206.
伊東達也　公共図書館とコミュニティ：コミュニティ支援としてのビジネス支援サービスについて『図書館学』No.84, 2004, p.48-56.
伊藤俊夫編『変化する時代の社会教育』全日本社会教育連合会，2004，127頁.
伊藤松彦「公共図書館と貸本店のつながり」『出版ニュース』No.1170, 1980.1, p.22.
―――「資料提供は二本柱で：中小公共図書館でこそ、レファレンス・サービスを」『みんなの図書館』No.118, 1987.3, p.2-7.
糸賀雅児「図書館専門委員会「報告」の趣旨と〈無料原則〉」『図書館雑誌』Vol.92, No.12, 1998.12, p.1097-1099.
―――「「図書館資料」と「費用負担」のあり方をめぐって：図書館専門委員として考える」『図書館雑誌』Vol.93, No.6, 1999.6a, p.474-476.
―――「地域電子図書館構想と〈無料原則〉のゆくえ（特別研究会例会報告）」『図書館界』Vol.51, No.4, 1999.11b, p.220-224.
―――「地域電子図書館構想と無料原則のゆくえ」『関東地区公共図書館協議会研究集会報告書』平成11年度，2000, p.40-46.
―――「図書館の新たなビジネスモデルで出版文化との共存を」『図書館雑誌』Vol.97, No.9, 2003.9, p.638-640.
―――「「地域の情報拠点」への脱却が意味するもの」『図書館界』Vol.56, No.3, 2004.9, p.188-193.
―――「公共図書館におけるビジネス支援サービス」『事例で読むビジネス情報探し方ガイド』図書館経営支援協議会編　日本図書館協会，2005，p.1-11.
糸賀雅児ほか「公立図書館における料金徴収問題（日本図書館学会月例

研究会発表要旨)」『図書館学会年報』Vol.32, No.2, 1986.6, p.94.
井上正義「行詰りつゝある公開書架式閲覧法の対策」『満鉄図書館業務研究会年報』1937.3, p.177-203.
猪瀬直樹ほか「図書館問題をめぐる作家と図書館の大激論」『創』Vol.32, No.10, 2002.11, p.98-118.
今井照『自治体のアウトソーシング』学陽書房，2006，182頁.
今澤慈海「公開書架に就きて」『図書館雑誌』No.21, 1914, p.35-41.
『イミダス：情報・知識　1998』集英社，1998，p.658.
岩内省「図書館は無料書店か？」『図書館科学』No.1, 1986.6, p.26.
悦子・ウィルソン『サンフランシスコ公共図書館：限りない挑戦』日本図書館協会，1995，207頁.
植田喜久次「日本図書館協会の印刷カード」『図書館雑誌』Vol.66, No.4, 1972.4, p.27-29.
上田修一ほか『情報専門職の養成に向けた図書館情報学教育体制の再構築に関する総合的研究（科学研究費補助金基盤研究（A)）（課題番号 15200017)』2006，456頁.
植松貞夫「B.D.Sを設置する」『建築から図書館をみる』勉誠出版，1999, p.188-195.（図書館・情報メディア双書；10）
植村八潮ほか「調査報告を読んで」『公立図書館貸出実態調査2003報告書』日本図書館協会，日本書籍出版協会，2004，p.51-61.
内川芳美,稲葉三千男編「雑誌自動販売機」『マスコミ用語辞典』東洋経済新報社，1982, p.86-87.
梅原実・大橋直人・薬袋秀樹『公立図書館の管理委託と地方公社』青弓社，1990，202頁.
裏田武夫「図書館員の社会的役割：その巨視的側面から」『図書館雑誌』Vol.60, No.6, 1966.6, p.11-13.
裏田武夫・小川剛編『図書館法成立史資料』日本図書館協会，1968，473頁.
大串夏身『これからの図書館』青弓社，2002，196頁.
太田真澄「盗難防止装置の電磁波の健康被害について」『みんなの図書館』No.311, 2003.3, p.82-84.
大滝博久ほか「図書自動貸出・返却装置の導入」『大学図書館研究』No.

47, 1996.8, p.44-49.
大谷康晴「図書館の課金方針」『「社会資本」としての図書館』国立国会図書館図書館研究所編　国立国会図書館図書館研究所，1997，p.109-125.（図書館情報学調査研究リポート；10）
――――「日本における公共図書館職員の認定制度とその課題：図書館職員の研修と処遇」『現代の図書館』Vol.43, No.1, 2005.3, p.26-33.
大谷康晴ほか「公共図書館職員養成教育研究者と職員の意識：LIPER公共図書館班聞き取り調査に見る養成教育の方向性」『情報専門職の養成に向けた図書館情報学教育体制の再構築に関する総合的研究（科学研究費補助金基盤研究（A））（課題番号 15200017）』2006，p.92-97.
大塚敏高「自動貸出機の導入をめぐって」『図書館雑誌』Vol.93, No.11, 1999.11, p.907-908.
大庭一郎「米国の公共図書館における専門的職務と非専門的職務の分離：1920年代から1950年代までを中心に」『図書館学会年報』Vol.40, No.1, 1994.3, p.11-39.
――――「米国の公共図書館の貸出業務における専門的職務と非専門的職務の分離：1920年代から1950年代までを中心に」『図書館学会年報』Vol.42, No.4, 1996.12, p.199-215.
――――「司書および司書補の職務内容：日本の公共図書館における専門的職務と非専門的職務の分離の試み」『図書館学会年報』Vol.44, No.3, 1998.12, p.111-127.
――――「日本図書館協会と図書館問題研究会の職務区分表：日本の公立図書館における専門的職務と非専門的職務の分離の試み」『図書館界』Vol.54, No.4, 2002.11, p.184-197.
大橋直人「東京23区立図書館の窓口業務委託：最近の状況について」『図書館雑誌』Vol.97, No.3, 2003.3, p.156-158.
――――「公共図書館の民営化をすすめる指定管理者制度と参加による図書館づくり」『みんなの図書館』No.349, 2006.5, p.30-40.
大原正一「自動貸出システムについて」『図書館界』Vol.39, No.4, 1987.11, p.150-153.
小形亮「編集後記」『ず・ぼん』No.8, 2002.10, p.190.

小形亮・斎藤誠一・手嶋孝典・堀渡・沢辺均「図書館バッシングに反論」『ず・ぼん』No.8, 2002.10, p.3-29.（http://www.pot.co.jp/zu-bon/zu-08/zu-08_003.html）
岡部史郎『職階法』学陽書房，1950，287頁.
岡部一明『インターネット市民革命』お茶の水書房，1996，366頁.
岡部紀夫「ブックディテクション・システムの導入について」『丸善ライブラリーニュース』No.117, 1980 秋, p.10.
小川俊彦「ブックディテクション」『大学の図書館』Vol.14, No.8, 1995.8, p.137-139.
―――――「図書館資料の弁償」〈図書館をめぐる往復書簡〉『図書館の学校』No.11, 2000.11a, p.28-29.
―――――「日本の図書館も延滞金をとるべきである！」〈図書館をめぐる往復書簡〉『図書館の学校』No.12, 2000.12b, p.40-41.
―――――「PFI の図書館」『図書館の学校』No.64, 2005.4/5, p.4-9.
小川徹「1953年以前『図書館雑誌』掲載広告一考：図書館用品を中心に」『白山図書館学研究：岩淵泰郎教授古稀記念論集』緑陰書房，2002，p.11-19.
荻原由紀「川崎図書館のビジネス支援：京浜臨海部を背景に」『AVCC ライブラリーレポート 2006：ビジネス支援図書館の展開と課題 いま、ライブラリアンに求められているしごと力とは』高度映像情報センター，2006，p.76-80.
小口博太郎ほか「第17条は改正すべきか」『図書館雑誌』Vol.68, No.2, 1974.2, p.241-250.
小倉親雄「パブリック・ライブラリーの思想とわが国の公共図書館」『図書館学会年報』Vol.12, No.1, 1965.8, p.1-21.
鬼倉正敏「津野氏の批判に応えよう」『図書館雑誌』Vol.92, No.12, 1998.12, p.1108-1109.
―――――「公立図書館の職務分析・職務区分表について：司書職制度・専門性の確立に向けて」『図書館評論』No.41, 2000, p.48-68.
垣口朋久「公共図書館の理念と現実」『図書館雑誌』Vol.95, No.5, 2001.5, p.344-347.
垣口弥生子「現場からの提言：中之島図書館、「平成のビジネス支援」

始まる」『図書館界』Vol.57, No.1, 2005.5, p.34-41.
梶井博之「〈自動貸出機〉を導入して：図書館業務の省力化をはかる支援ツールなのか」『みんなの図書館』No.280, 2000.8, p.45-49.
加藤一英『図書館学序説』学芸図書，1982，182頁.
神奈川県資料室研究会〈http://www.klnet.pref.kanagawa.jp/ssk/〉（最終アクセス2007-10-1）
神奈川県自治総合研究センター「平成14年度一般研究チーム報告書　時代を創る図書館：ビジネス支援・市民活動支援に向けて」2003.3 http://k-base02.pref.kanagawa.jp/docu/plsql/use_down?data_id＝19941（最終アクセス2007-10-1）
蒲池正夫「盗難本の問題の解決法はふたつ：立ちどまるか前進か」『図書館雑誌』Vol.49, No.10, 1955.10, p.2-4.
川崎良孝「貸出図書館の思想的起源」『図書館学会年報』Vol.23, No.2, 1977.9, p.49-60.
―――「アメリカ公立図書館と財政危機：有料制論議への問題提起を含めて」『みんなの図書館』No.69, 1983.2, p.36-53.
―――「図書館サービスと有料制1：有料制論議台頭の背景」『図書館界』Vol.35, No.5, 1984.1a, p.236-247.
―――「図書館サービスと有料制２：有料制論議台頭の背景」『図書館界』Vol.35, No.6, 1984.3b, p.290-304.
―――「図書館サービスと有料制３：有料制論議台頭の背景」『図書館界』Vol.36, No.2, 1984.7c, p.60-71.
―――「図書館サービスと有料制４：有料制論議台頭の背景」『図書館界』Vol.36, No.4, 1984.11d, p.181-193.
―――「公立図書館の無料制（下）：英米での有料化論議から（コンメンタール図書館法11）」『図書館雑誌』Vol.84, No.5, 1990.5, p.265-269.
川添猛「新しい図書館・古い図書館」『調査季報』No.88, 1986.2, p.17-22.
河田隆「卑しい図書館になってはいけない」『みんなの図書館』No.260, 1998.12, p.13-18.
川田琢之「公務員制度における非典型労働力の活用に関する法律問題

(2)」『法学協会雑誌』Vol.116, No.10, 1999.10, p.1615-1684.
菊地租「図書館学の Akademie 性について」『図書館学会年報』Vol.1, No.1, 1954.11, p.2-6.
岸本岳文「有料制論議をめぐって」『図書館界』Vol.51, No.5, 2000.1, p.334-342.
――――「公立図書館における「無料の原則」」『図書館法と現代の図書館』塩見昇ほか編著　日本図書館協会，2001，p.168-179.
北克一「図書館サービスの公共経済学的視点：糸賀雅児氏の提言」『図書館界』Vol.51, No.4, 1999.11, p.226-230.
鬼頭宗範「東浦和図書館における「自動貸出装置（PSC）」の導入について」『みんなの図書館』No.293, 2001.9, p.54-68.
木野修造「『不正持出防止装置』」『図書館の学校』No.48, 2003.12, p.6-9.
――――「自己の尊厳を守る機器」『図書館の学校』No.49, 2004.1, p.6-9.
ぎょうせい「24時間オープンする『住民の図書館』：山口県須佐町立図書館『まなぼう館』」『晨（Ashita）』Vol.18, No.4, 1999.4, p.31-33.
金原左門ほか『小田原図書館五十年史』小田原市立図書館，1983，p.195-199.
草野正名「貸本屋の害悪について」『図書館雑誌』Vol.50, No.5, 1956.5, p.9-11.
沓掛伊左吉「開架小史」『全国公共図書館研究集会報告1953』日本図書館協会，1954，p.53-59.
久保輝巳『公共図書館職員論』八千代出版，1983，276頁.
久保庭和子「専門職能団体の労働組合化：米国ヘルス・サービス産業における看護婦協会の団体交渉活動と労使協議制の成立」『日本労働協会雑誌』Vol.26, No.12, 1984.12, p.43-52.
熊谷弘志「PFI 手法から見た図書館への指定管理者制度導入：サービスの質を評価する仕組みを図書館の指定管理者制度に導入」『図書館雑誌』Vol.99, No.4, 2005.4, p.234-237.
熊田淳美「ベストセラーと図書館でよく読まれる本：公共図書館における1997年度の場合」『中京国文学』No.18, 1999, p.1-17.
倉澤生雄「公立図書館と指定管理者制度：公立図書館の設置目的から指

定管理者制度を考える」『図書館雑誌』Vol.98, No.6, 2004.6, p.368-371.

栗原要子「小山市立中央図書館のビジネス支援事業について」『AVCCライブラリーレポート 2006：ビジネス支援図書館の展開と課題 いま、ライブラリアンに求められているしごと力とは』高度映像情報センター，2006，p.110-114.

呉智英「本の再販制度についてのアンケート（呉智英）」『ず・ぼん』No.5, 1998.10, p.7-8. ＊次のサイトにも同文あり。（http://www.pot.co.jp/zu-bon/zu-05/zu-05_006.html）（最終アクセス 2006.11.4）

――「デモクラシーの原理（Social Watching vol.4）」『GQ JAPAN』No.105, 2001.11, p.46-47.＊『犬儒派だもの』双葉社，2003，p.145-148. に再掲載。

経済財政諮問会議「経済財政運営と構造改革に関する基本方針2003」2003.6. 〈http://www.keizai-shimon.go.jp/cabinet/2003/decision0626.html〉（最終アクセス2007-10-1）

経済産業省「新産業創造戦略2005」2005.6, 76p. 〈http://www.meti.go.jp/press/20050613003/3-sennryaku2005-set.pdf〉（最終アクセス2007-10-1）

小泉徹・柳与志夫「有料？無料？：図書館の将来と費用負担」『現代の図書館』Vol.21, No.4, 1983.12, p.241-251.

厚生労働省発「医薬品・医療用具等安全情報」No.173, 2002.1.17. 〈http://www.mhlw.go.jp/houdou/2002/01/h0117-3a.html#3〉（最終アクセス2006-11-04）

高度映像情報センター「図書館生き残りのためのアウトソーシング（巻頭座談会）」『構造改革下の公共図書館：低成長時代に求められる図書館像とは』2004，p.6-28.

小浦愼治「図書館と委託：加古川市の図書館二十年の軌跡」『みんなの図書館』No.328, 2004.8, p.1-7.

「公立図書館の管理委託を考える」実行委員会編『公立図書館の現在と未来を問う』「公立図書館の管理委託を考える」実行委員会，1994，125頁.

光斎重治ほか「メディアの多様化と図書館サービス、マネージメントの問題点」『図書館界』Vol.37, No.3, 1985.9, p.124-130.
国際図書館連盟公共図書館分科会ワーキング・グループ編『理想の公共図書館サービスのために　IFLA/UNESCOガイドライン』山本順一訳　日本図書館協会，2003，156頁.
国立国会図書館『国立国会図書館五十年史　本編』国立国会図書館，1999, p.362-363.
壽初代「和泉市立シティプラザ図書館における窓口業務委託について」『図書館界』Vol.58, No.2, 2006.7, p.61-64.
小林是綱「ハイテク図書館と呼ばれて」『丸善ライブラリーニュース』No.146, 1988.2, p.1-4.
――――「ビデオ資料の貸出と自動貸出し装置について」『Lisn（リスン）：Library & Information Science News』No.58, 1989.3, p.3-4.
――――「新たな図書館サービス：図書自動貸出・返却システムと図書館の可能性（特集：図書館をいつ開けるか？）」『みんなの図書館』No.247, 1997.11, p.53-60.
――――「公共図書館における自動貸出機導入をめぐって」『図書館雑誌』Vol.94, No.3, 2000.3, p.193-195.
――――「山中湖情報創造館における行政とNPOの協働：全国初の指定管理者」『図書館雑誌』Vol.99, No.4, 2005.4, p.230-233.
小林隆志・網浜直子「ビジネス支援事業『鳥取モデル』の構築：知のネットワークの形成と地域の総合力」『AVCCライブラリーレポート2006：ビジネス支援図書館の展開と課題　いま、ライブラリアンに求められているしごと力とは』高度映像情報センター，2006，p.62-69.
小林弘宜「新しい発想を形にするために〈図書館をめぐる往復書簡〉」『図書館の学校』No.7, 2000.7a, p.32-33.
――――「新しい公共図書館の枠組み〈図書館をめぐる往復書簡〉」『図書館の学校』No.10, 2000.10b, p.28-29.
小林昌樹「アメリカの図書館における危険管理の発展」『図書館経営論の視座』日本図書館学会研究委員会編　日外アソシエーツ，1994，p.78-105.

―――― 「物品管理」『図書館情報学ハンドブック第2版』図書館情報学ハンドブック編集委員会編　丸善，1999，p.772-779.
―――― 「資料保存における残された課題：紛失問題を通して考える」『カレントアウェアネス』No.269, 2002.1.20, p.10-14.
小林真理編著『指定管理者制度：文化的公共性を支えるのは誰か』時事通信社，2006，259頁.
小山千鶴子「勤労者の使える図書館として：神戸市立三宮図書館からの報告」『みんなの図書館』No.75, 1983.8, p.25-29.
これからの図書館の在り方検討協力者会議「これからの図書館像：地域を支える情報拠点をめざして（報告）」2006.3. 〈http://www.mext.go.jp/b_menu/houdou/18/04/06032701.htm〉（最終アクセス2007-10-1）
酒井信「図書館利用の無料原則についての覚書」『館灯』No.37, 1998, p.32-35.
――― 「ビジネス支援図書館を理解するためのブックガイド」『大学の図書館』Vol.23, No.7, 2004.7, p.132-134.
阪田蓉子「大学中央図書館における学生サービスの史的変遷（上）：貸出と開架」『図書館学会年報』Vol.34, No.4, 1988.12, p.178-184.
―――― 「大学中央図書館における学生サービスの史的変遷（下）：貸出と開架」『図書館学会年報』Vol.35, No.1, 1989.3, p.18-36.
佐々木順二「公立図書館の無料公開をまもるために」『みんなの図書館』No.260, 1998.12, p.3-8.
――――― 「公的権力の範囲を逸脱・乱用：図書館法第17条についての専門委員会報告」『図書館雑誌』Vol.93, No.2, 1999.2, p.124-125.
指田文夫「「無料貸本屋問題」を解決するために　貸与権を整備してレンタル・ブックを」『出版ニュース』No.1955, 2002.11 下旬, p.6-9.
佐藤和夫「図書館法改正のことについて」『図書館雑誌』Vol.47,　No.5, 1953.5, p.134-135.
佐藤毅彦「公共図書館における図書自動貸出機の可能性」『日本図書館情報学会春期研究集会発表要綱（2000年度）』日本図書館情報学会，2000，p.3-6.
佐藤直樹「図書館カウンター委託から一年：流れぬ川の堰を開けて」

『みんなの図書館』No.325, 2004.5, p.30-44.
佐藤博「無断持出防止装置と機器配置の留意点」『大学図書館研究』No.33, 1988.12, p.19-24.（p.19の注）
佐野眞一『だれが「本」を殺すのか』プレジデント社，2001，461頁.
＊なお同書は文庫化もされている。（新潮文庫，2004）
座間直壯「図書館運営と指定管理者制度：図書館長の想うこと」『図書館雑誌』Vol.98, No.6, 2004.6, p.376-378.
澤田みな「川上村文化センター図書館：24時間開館の実際」『現代の図書館』Vol.36, No.2, 1998.6, p.118-119.
汐﨑順子「公立図書館の委託：大田区の事例から考える」『図書館雑誌』Vol.98, No.6, 2004.6, p.379-381.
塩崎亮「公共図書館へのマーケティング概念導入の意義：「公共性」に基づく外部環境適応の視座」『Library and Information Science』No.45, 2001.2, p.31-71.
———「各ステークホルダーがもつ公共図書館像：競合可能性の定性的把握」『Library and Information Science』No.48, 2004.4, p.1-24.
塩見昇「「資料提供」機能の進展：「貸出」の実践と理論化を中心に」『図書館界』Vol.28, No.2/3, 1976.9, p.74-78.
———「公立図書館のあり方を考える」『図書館界』Vol.56, No.3, 2004.9, p.169-174.
塩見昇・山口源治郎編『図書館法と現代の図書館』日本図書館協会，2001，385頁.
静岡県立中央図書館『図書館のビジネス支援：はじめの一歩』2006.3, 72p.
志智嘉九郎「神戸市立図書館／公開書架設置について」『図書館雑誌』Vol.43, No.10, 1949.10, p.142.
————「みなそれぞれに立場あり：図書館法改正について」『図書館雑誌』Vol.47, No.5, 1953.5, p.130-131.
柴田正美「PFIによる図書館の建設と運営：桑名市事案を審査して」『みんなの図書館』No.325, 2004.5, p.45-62.
柴田亮介「電通情報センターの徹底したアウトソーシング（事例）」『現代の図書館』Vol.36, No.4, 1998.12, p.267-273.

渋谷国忠「われわれは図書館法改正草案をこう読んだ　法改正の急所はどこにあるか」『図書館雑誌』Vol.52, No.2, 1958.2, p.35-42.
島崎信夫「ブックディテクションシステムの現状」『丸善ライブラリーニュース』No.111, 1978冬, p.6.
清水昭治「図書館の変化に住民はどう対応できるか」『図書館界』Vol.58, No.2, 2006.7, p.64-69.
清水正三「開架図書館における払出図書の会計処理上の二三の問題について」『図書館雑誌』Vol.49, No.10, 1955.10, p.11-13.
――――『公共図書館の管理』日本図書館協会，1971，205頁．(図書館の仕事；3)
――――「図書館博物館構想」『現代の図書館』Vol.21, No.4, 1983.12, p.197-201.
清水隆「BDS のトラブル，その傾向と対策」『図書館雑誌』Vol.91, No.10, 1997.10, p.864.
清水隆ほか『図書館と IC タグ』日本図書館協会，2005，124頁．
衆議院予算委員会第三分科会1986.3.6海部文部大臣答弁
生涯学習審議会「社会の変化に対応した今後の社会教育行政の在り方について（中間まとめ）」1998a. 〈http://www.mext.go.jp/b_menu/shingi/12/shougai/toushin/980301.htm〉（最終アクセス2006-08-31）
――――「社会の変化に対応した今後の社会教育行政の在り方について」1998b. 〈http://www.mext.go.jp/b_menu/shingi/12/shougai/toushin/980901.htm〉（最終アクセス2006-08-31）
生涯学習審議会社会教育分科審議会計画部会図書館専門委員会「図書館の情報化の必要性とその推進方策について（報告）」『図書館雑誌』Vol.92, No.11, 1998.11, p.1032-1037. 〈http://www.mext.go.jp/b_menu/shingi/12/shougai/toushin/981001.htm〉（最終アクセス2006-08-31）
神野清秀「現行図書館法改正問題の推移を中心に」『みんなの図書館』No.38, 1980.7, p.43-51.
菅谷明子「進化するニューヨーク公共図書館」『中央公論』Vol.114, No.8, 1999.8, p.270-281.

――――『未来をつくる図書館：ニューヨークからの報告』岩波書店，2003，203頁．(岩波新書)
菅原峻「PFI 方式と図書館」『としょかん』No.8, 2002.3, p.13-15.
鈴木桂子「図書館＝無料書店論について」『図書館科学』No.2, 1986.12, p.33-34.
鈴木均「貸出至上主義の先に何があるのか　浦安市立図書館の実践が示すもの」『21世紀社会デザイン研究』No.1, 2002, p.101-105.
鈴木昌雄「郷土資料と地域資料」『東京都公立図書館郷土資料研究会会報』No.1, 1984, p.1-2.
鈴木理生「今、公共図書館では」『東京都公立図書館郷土資料研究会会報』No.3, 1986, p.1-5.
――――「郷土資料と地域資料」『みんなの図書館』No.154, 1990.3, p.9-16.
鈴木正紀「大学図書館の業務委託：業務の外部化問題はわれわれに何を突きつけているのか」『図書館雑誌』Vol.97, No.3, 2003.3, p.162-165.
鈴木三智子「英国における〝セルフサービス・ライブラリー〟の流れ」『カレントアウェアネス』No.222, 1998.2, p.6-7.
鈴木由美子「民間人が考察する図書館の民間委託」『みんなの図書館』No.328, 2004.8, p.27-37.
『ず・ぼん』「図書館で働く人の専門性と身分とは？」No.5, 1998, p.92-128.
関善一「ニューヨーク公共図書館、科学・産業・ビジネス図書館を見学して」『ひびや』No.147, 1998, p.2-7.
瀬島健二郎「情報のコストと公立図書館」『現代の図書館』Vol.29, No.1, 1991.3, p.2-7.
――――「「ベストセラー大量貸出」批判をめぐる論議と図書館界からの反論」『図書館雑誌』Vol.96, No.12, 2002.12, p.936-937.
千賀正之「〈市民図書館〉に関する津野さんと前田さんの言い分について」『図書館雑誌』Vol.92, No.11, 1998.11, p.1024-1025.
――――「図書館の同一著作大量購入問題を考える」『図書館雑誌』Vol.95, No.10, 2001.10, p.802-805.

全国国立大学図書館長会議編『大学図書館の業務分析』日本図書館協会，1968，209頁．

総務省「各種電波利用機器の電波が植込み型医用機器へ及ぼす影響を防止するための指針」2005．〈http://www.soumu.go.jp/s-news/2005/pdf/050811_2_1.pdf〉（最終アクセス2006-09-03）

――――「地方財政の現状」〈http://www.soumu.go.jp/iken/zaisei/pdf/genjyo_070518_2.pdf〉（最終アクセス2007-09-26）

――――「経常収支比率の推移」2007a．〈http://www.soumu.go.jp/iken/zaisei/pdf/keijyo_070518_2.pdf〉（最終アクセス2007-09-26）

――――「３．地方財源の状況」『平成19年度地方財政白書』2007b．〈http://www.soumu.go.jp/menu_05/hakusyo/chihou/19data/19czb1-3.html〉（最終アクセス2007-09-26）

田井郁久雄「「貸出」の発展と職員の専門性」『いま、市民の図書館は何をすべきか』前川恒雄先生古稀記念論集刊行会編　出版ニュース社，2001，p.230-261．

――――「複本購入の事例分析と複本購入批判の検証」『図書館界』Vol.53, No.6, 2002.3, p.508-524.

――――「『市民の図書館』と「貸出」の意義」『図書館界』Vol.56, No.3, 2004.9a, p.175-182.

――――「わかりやすい、核心をつく発言を」『図書館人としての誇りと信念』伊藤昭治古希記念論集刊行会編　出版ニュース社，2004b, p.68-73.

――――「行革の流れの中で：岡山市立図書館についての「事業仕分け」」『出版ニュース』No.2116, 2007.8, p.6-11.

第二東京弁護士会創立70周年記念行事実行委員会・新会館竣工記念誌編集委員会編『四半世紀の夢今ここに』第二東京弁護士会，1996，284頁．

高土正巳「ビジネス支援ライブラリーTOKYO SPRingの開館から閉館まで：ビジネス支援図書館の一つの事例として」『専門図書館』No.206, 2004, p.19-21.

高浪郁子「ベストセラーの購入状況を調べてみました」『みんなの図書館』No.275, 2000, p.18-27.

田口久美子「書店からの発想」〈図書館をめぐる往復書簡〉『図書館の学校』No.6, 2000.6, p.34-35.
武井昇一「寝屋川市立図書館の委託化の経過報告」『みんなの図書館』No.328, 2004.8, p.8-13.
竹内愛二『専門社会事業研究』弘文堂，1959，459頁.
竹内洋「専門職の社会学：専門職の概念」『ソシオロジ』Vol.16, No.3, 1971.5, p.45-66.
竹内比呂也ほか『図書館はまちの真ん中：静岡市立御幸町図書館の挑戦』勁草書房，2007，180頁.
竹島昭雄「再び『自動貸出機』を考える（こらむ図書館の自由）」『図書館雑誌』Vol.93, No.12, 1999.12, p.963.
竹田芳則「どないなんねん？わたしらの図書館：堺市の図書館で『指定管理者制度』の計画が」『みんなの図書館』No.328, 2004.8, p.14-22.
――――「堺市立図書館の指定管理者制度導入構想をめぐって」『図書館雑誌』Vol.99, No.4, 2005.4, p.228-229.
武田英治「国及び全国レベルの図書館振興策」『日本における図書館行政とその施策』日本図書館学会研究委員会編　日外アソシエーツ 1988, p.26-47.
武田虎之助「自由接架（Editorial Forum）」『図書館雑誌』Vol.46, No. 11, 1952.11, p.19.
竹林熊彦『近世日本文庫史』日本図書館協会，1978，p.436-439.（復刻図書館学古典資料集）
田中敬「開架図書館」『図書館教育』同文館，1918，p.31-57. ＊日本図書館協会・復刻［1978］日本図書館協会，1978，359頁.
田中久文「図書館専門職の在り方について」『白山図書館学研究：岩淵泰郎教授古稀記念論集』緑陰書房，2002，p.3-10.
田中康雄「アウトソーシングを活用した大学図書館運営：立命館大学における現状と課題」『図書館雑誌』Vol.97, No.3, 2003.3, p.159-161.
谷本達哉ほか「公共図書館における図書自動貸出機の運用について：公共図書館 3 館を中心とした自動貸出機導入館の調査事例報告」『羽衣國文』No.13, 2000.3, p.36-52.
谷本達哉ほか「公共図書館における図書自動貸出機の導入に関する一考

察：機器の持つ特徴から見た自動貸出機活用への視点」『羽衣学園短期大学研究紀要』No.37, 2001.2, p.81-90.
田屋裕之『電子メディアと図書館：未来像を探る』勁草書房，1989，298頁.
津野海太郎「市民図書館という理想のゆくえ」『図書館雑誌』Vol.92, No.5, 1998.5, p.336-338.
――――『だれのための電子図書館』トランスアート，1999，217頁.
――――――「図書館にとっての金と公共性との関係〈図書館をめぐる往復書簡〉」『図書館の学校』No.8, 2000.8, p.30-31.
手嶋孝典「「図書館は『無料貸本屋』か」をめぐって」『図書館雑誌』Vol.95, No.6, 2001.6, p.414-415.
――――「「クローズアップ現代」ベストセラーをめぐるNHKとの攻防」『図書館雑誌』Vol.97, No.3, 2003.3a, p.188-189.
――――「誰のための公立図書館か」『図書館雑誌』Vol.97, No.9, 2003.9b, p.646-648.
――――「NHKのお粗末な図書館認識」『ず・ぼん』No.9, 2004.4, p.86-109.
土井六郎「図書館法改正の諸問題」『図書館雑誌』Vol.47, No.5, 1953.5, p.132-133.
『東京新聞』「推理作家協会　新刊貸し出し、猶予期間を　図書館協会に申し入れへ」2003.2.18夕刊
［東京市立京橋図書館］『皆様の調査機関実業図書室案内』n.d.［折本］
東京大学大学院教育学研究科図書館情報学研究室「公共図書館サービスの展開と情報基盤形成」『情報基盤形成における公共図書館サービス機能についての実証的研究』（科学研究費補助金基盤研究（C）（2））（課題番号 10680399）2001.〈http://plng.p.u-tokyo.ac.jp/text/PLNG/report2000/hokokusho.pdf〉（最終アクセス2006-09-03）
［東京都］石原知事定例記者会見録（平成18年10月20日）〈http://www.metro.tokyo.jp/GOVERNOR/KAIKEN/TEXT/2006/061020.htm〉（最終アクセス2007-09-27）
東京都立日比谷図書館協議会『東京都立日比谷図書館における司書職のあり方に関する答申』日比谷図書館協議会，1968，133頁.

常世田良『浦安図書館にできること』勁草書房，2003，270頁．(図書館の現場；1）（4章の参照箇所は p.104-105)
歳森敦ほか「公共図書館におけるブックディテクションシステムの設置効果」『日本図書館情報学会誌』Vol.46, No.1, 2000.3, p.33-45.
『図書館界』「糸賀提言に応える」Vol.51, No.4, 1999.11.
———「現代社会において公立図書館の果たすべき役割は何か（特集)」Vol.56, No.3, 2004.9, p.158-193.
———「討議　多様化する図書館の管理運営」Vol.58, No.2, 2006.7, p.78-89.
図書館経営支援協議会編『事例で読むビジネス情報探し方ガイド：東京都立中央図書館の実践から』日本図書館協会，2005，243頁．
『図書館雑誌』「書庫公開と圖書の紛失」Vol.5, No.3, 1909.3, p.78-79.
———「⑥カード斡旋配給（彙報)」Vol.41, No.1, 1947.1-3, p.12.
———「昭和24年度事業報告」Vol.44, No,7, 1950.7, p.150.
———「事務局通信」Vol.46, No.5, 1952.5a, p.27.
———「事務局通信」Vol.46, No.7, 1952.7b, p.52-54.
———「開架図書の消耗品扱いについて(特集)」Vol.49, No.10, 1955.10, p.1-19.
———「貸本屋問題（特集)」Vol.50, No.5, 1956.5a, p.2-14.
———「貸本屋問題・その2（特集)」Vol.50, No.6, 1956.6b, p.2-13.
———「物品管理法の運営への要望（事務局通信)」Vol.50, No.11, 1956.11c, p.23, 40.
———「会勢報告，昭和39年度事業・決算報告，財産目録」Vol.59, No.8, 1965.8, p.363-375.
———「会勢報告，昭和41年度事業・決算報告，財産目録」Vol.61, No.8, 1967.8, p.362-379.
———「社団法人日本図書館協会　昭和43年度総会議事録」Vol.62, No.8, 1968.8, p.345-350.
———「盗難防止装置の開発（海外ニュース)」Vol.63, No.1, 1969.1, p.23.
———「無断帯出防止装置（住友スリーエム）(NEWS)」Vol.68, No.8, 1974.8, p.295.

———「全国貸本組合連合会の代表が来会（NEWS）」Vol.75, No.3, 1981.3, p.100-101.

———「非正規職員の問題を考える（特集）」Vol.88, No.11, 1994.11, p.809-832.

———「平成 8 年度（第 1 回）評議員会議事録（部分）」Vol.90, No.8, 1996.8, p.617-618.

———「公立図書館の無料原則についての見解」Vol.92, No.9, 1998.9, p.808-810.

———「小特集　図書館の無料原則を考える：電子情報の利用」Vol.93, No.2, 1999.2.

———「公共図書館の現状見据えた論議を：『新文化』記事への見解示す」Vol.94, No.6, 2000.6, p.398.

———「小特集　図書館は出版文化をどう支えるか」Vol.95, No.6, 2001.6a, p.410-421.

———「日本図書館協会、日本ペンクラブと面談：「著作者の権利への理解を求める声明」めぐり」Vol.95, No.10, 2001.10b, p.769.

———「自動貸出機等について：2001年図書館調査ミニ付帯調査結果報告」Vol.96, No.3, 2002.3a, p.192-195.

———「〈資料〉いわゆる「盗難防止装置」の呼称について（お願い）」Vol.96, No.4, 2002.4b, p.223.

———「公共図書館の「ベストセラー大量購入」「無料貸本屋論」に関する関係団体の動き」Vol.96, No.6, 2002.6c, p.386.

———「文部科学省、図書館資料の有償貸出しに否定的見解（NEWS）」Vol.96, No.11, 2002.11d, p.853.

———「協会通信」Vol.97, No.1, 2003.1a, p.70.

———「シンポジウム「書籍流通の理想をめざして」開かれる」Vol.97, No.3, 2003.3b, p.140-141.

図書館雑誌編集委員会「図書館法改正のために」『図書館雑誌』Vol.47, No.3, 1953.3, p.66-67.

———「ブラウン方式からコンピュータまで」Vol.70, No.6, 1976.6, p.216-217.

図書館問題研究会編『まちの図書館：北海道のある自治体の実践』日本

図書館協会，1981，424頁.
――――「公共図書館職務一覧表2000年版（案）」2000.〈http://www.jca.apc.org/tomonken/syokumu.csv〉（最終アクセス 2007-02-16）
図書館問題研究会図書館用語委員会編「ブック・ディテクション・システム」『図書館用語辞典』角川書店，1982，p.564-565.
特許庁「知的所有権センター一覧表」2007.8.〈http://www.jpo.go.jp/torikumi/chiteki/chiran.htm〉（最終アクセス2007-10-1）
豊田高弘「津野海太郎氏の主張を擁護する」『図書館雑誌』Vol.92, No.11, 1998, p.1026-1027.
中川幾郎「図書館と指定管理者制度を考える」『みんなの図書館』No.349, 2006.5, p.3-10.
中澤徹也「小規模図書館でのインターネット利用と有料化について」『図書館雑誌』Vol.93, No.2, 1999.2a, p.26-28.
――――「新たな可能性を求めた図書館サービス」『全国図書館大会記録　平成10年』1999.3b, p.41-43.
中嶋哲彦「公立図書館への指定管理者制度導入の問題点」『図書館界』Vol.58, No.2, 2006.7, p.73-78.
長南信生「ブックディテクションシステムを導入して：都立中央図書館の場合」『丸善ライブラリーニュース』No.123, 1982秋, p.10.
中村順「公共サービスの生きる道：連帯を求めて個立を恐れず」『みんなの図書館』No.325, 2004.5, p.5-15.
西尾肇「図書館は「無料貸本屋」か？」『出版ニュース』No.1835, 1999.5 上中下, p.42-43.
――――「ブック・ストリート 図書館 指定管理者制度」『出版ニュース』No.1999, 2004.3, p.30.
西河内靖泰「不明本とBDS」『現代の図書館』Vol.40, No.2, 2002.6, p.92-98.
――――「特集にあたって」『みんなの図書館』No.325, 2004.5, p.1-4.
西崎恵『図書館法』羽田書店，1950，201頁．＊再版：日本図書館協会，1970．日本図書館協会，1991.
西野一夫「図書館無料の原則はどう守られるのか」『みんなの図書館』No.260, 1998.12, p.9-12.

――――「小特集にあたって」『図書館雑誌』Vol.95, No.6, 2001.6, p. 410-411.
――――「特集にあたって」『図書館雑誌』Vol.99, No.4, 2005.4, p.222-223.
――――「図書館への指定管理者制度導入をめぐって」『図書館界』Vol.58, No.2, 2006.7, p.70-73.
西村一夫「複本購入問題とは何か：山本昭和「複本購入の問題に関する総合的研究」について」『図書館界』Vol.54, No.4, 2002.11, p.206-208.
――――「委託で市民サービスができるか」『図書館雑誌』Vol.97, No. 3, 2003.3, p.154-155.
『日本経済新聞』「市長・区長民間委託８割が意欲　福祉・教育・住宅など企業の参入機会拡大」2003.12.4.
日本経済調査協議会『問われる日本の「図書館力」』2004.〈http://www.nikkeicho.or.jp/Chosa/new_report/kasuya_top.htm〉（最終アクセス 2007-02-16）
日本児童文学者協会・日本児童文芸家協会・日本推理作家協会・日本文藝家協会・日本ペンクラブ「図書館の今後についての共同声明」2005.11.8.〈http://www.bungeika.or.jp/200511seimei-toshokan.htm〉（最終アクセス 2007-02-16）
日本図書館協会「閲覧方式」『図書館ハンドブック：JLA60周年記念出版』1952, p.451-454.
――――『中小都市における公共図書館の運営』1963, 217頁.
――――『市民の図書館』1970, 151頁.
――――『市民の図書館　増補版』1976, 168頁.
――――『図書館白書1980』1980, 56頁.
――――『「図書館業務の（管理・運営）委託」に関する実態調査報告書』1986a, 87頁.
――――「BIHIN, SHOMOHIN ATSUKAI TOSHO (Library materials as Fixtures or as Expendables)（日本独特の図書館用語集〈英文版〉）」『現代の図書館』Vol.24, No.2, 1986.6b. p.iii.
――――『JLA メールマガジン』No.96.　2002.3.13.〈http://www.jla.

or.jp/archives/96.txt〉（最終アクセス2006-10-24）
────『図書館政策資料Ⅹ　指定管理者制度２』日本図書館協会，2005b，88頁．
────『日本の図書館』（年刊）
日本図書館協会経営委員会委託問題特別検討チーム編『よりよい図書館経営のために：図書館業務委託を検討する視点』日本図書館協会，2003，54頁．
[日本図書館協会研修事業委員会]『専門性の確立と強化を目指す研修事業検討ワーキンググループ（第２次）報告書』2000．〈http://wwwsoc.nii.ac.jp/jla/kenshu/kenshuwg/hokoku.pdf〉（最終アクセス2006-09-03）
日本図書館協会公共図書館部会「開架」『全国公共図書館研究集会報告1953』1954，p.29-62．
日本図書館協会図書館員の問題調査研究委員会「図書館員の専門性とは何か：委員会の中間報告」『図書館雑誌』Vol.64. No.11, 1970.11, p.18-20.
────「図書館員の専門性とは何か その現実と課題：社会教育法改正に関連して：続・委員会の中間報告」『図書館雑誌』Vol.65, No.11, 1971.11, p.22-27.
────「図書館員の専門性とは何か：委員会の中間報告・Ⅲ」『図書館雑誌』Vol.66, No.11, 1972.11, p.32-35.
────「図書館員の専門性とは何か（最終報告）」『図書館雑誌』Vol.68, No.3, 1974.3, p.104-111.
────『図書館員の専門性とは何か 委員会の記録』日本図書館協会，1976，199頁．
────『すべての公共図書館に司書の制度を』日本図書館協会，1984，12頁．
日本図書館協会図書館員の問題調査研究委員会非正規職員実態調査ワーキンググループ編『図書館で働く非正規職員 大阪府下公立図書館調査報告』日本図書館協会，1993，164頁．
日本図書館協会図書館運営に関する基本問題検討委員会編『これからの図書館運営のために：公立図書館の委託について考える』日本図書

館協会，1994，20頁.
日本図書館協会図書館学教育部会編『日本の図書館情報学教育 2000』日本図書館協会，2000，279頁.
日本図書館協会図書館政策特別委員会『「公立図書館の任務と目標」解説』日本図書館協会，1989，69頁.
――――『「公立図書館の任務と目標」解説 増補改訂版』日本図書館協会，2000，85頁.
日本図書館協会図書館ハンドブック編集委員会編『図書館ハンドブック（第6版）』日本図書館協会，2005，652頁.
日本図書館協会図書館法改正委員会「図書館法改正に関する意見書」『図書館雑誌』Vol.55, No.9, 1961.9, p.301.
日本図書館協会図書館用語委員会編『図書館用語集』日本図書館協会，1988，p.283.
日本図書館協会・日本書籍出版協会「公立図書館貸出実態調査2003 報告書」2004. 〈http://www.jla.or.jp/kasidasi.pdf〉（最終アクセス 2007-02-17）
日本ペンクラブ「著作者の権利への理解を求める声明」2001. 〈http://www.japanpen.or.jp/seimei/010615.html〉（最終アクセス 2007-02-17）
日本ペンクラブ言論表現委員会「言論表現委員会シンポジウム「激論！作家vs図書館―どうあるべきか―」」2002a. 〈http://www.japanpen.or.jp/committee/genron/020907.html〉（最終アクセス 2007-02-16）
――――「全国の図書館354件へのアンケート」2002b. 〈http://www.japanpen.or.jp/committee/genron/020225_list01.html〉（最終アクセス 2007-02-16）
楡周平「図書館栄えて物書き滅ぶ」『新潮45』Vol.20, No.10, 2001.10, p.116-123.
根本彰「図書館情報学における知的貧困」『現代の図書館』Vol.39, No.2, 2001.6, p.64-71.
――――『情報基盤としての図書館』勁草書房，2002，255頁.
――――「図書館サービスを支える知的基盤：教育、研修、そして資格

認定を考える（基調講演）」『第45回北海道図書館大会記録（概要）』2003. <http://www.library.pref.hokkaido.jp/contents/dore%20bn/taikai.pdf>（最終アクセス2006-09-03）
――――『続・情報基盤としての図書館』勁草書房，2004a，199頁．（図書館の現場；3）
――――「貸出サービス論批判　1970年代以降の公立図書館をどう評価するか」『図書館界』Vol.56, No.3, 2004.9b, p.161-168.
根本彰・斎藤誠一・山崎博樹・山重壮一・津野海太郎「電子化で公共図書館を変える法」『本とコンピュータ』No.14, 2000.10, p.141-152.
根本彰・小田光雄・小川俊彦「転換期にある図書館をめぐって」『図書館の学校』No.33, 2002.9, p.8-18.
能勢仁「増加一途の図書館貸出冊数」『新文化』No.2353, 2000.4, p.5.
橋田友治「なぜ私は開架図書を消耗品扱いにせよと叫ぶのか」『図書館雑誌』Vol.49, No.10, 1955.10, p.5-7.
長谷川雅彦「大規模開架制の維持」『図書館人としての誇りと信念』伊藤昭治古稀記念論集刊行会編　出版ニュース社，2004，p.127-133.
畠中靖「須佐町（山口県）24時間図書館訪問記（各地のたより山口発）『みんなの図書館』No.260, 1998.12, p.70.
廿日出逸暁「図書館法は改正すべきか」『図書館雑誌』Vol.47,　No.3, 1953.3, p.71-73.
服部裕太「図書館も有料になるの！」『月刊社会教育』Vol.42,　No.9, 1998.9, p33-36.
林望「図書館へ行こう」『図書館の学校』No.1, 2000.1a, p.2-25.
――――「図書館は「無料貸本屋」か」『文藝春秋』Vol.78,　No.15, 2000.12b, p.294-302.
林靖一「公開書庫」『図書の整理と利用法』大阪屋号書店，1925，p.220-238.
――――「図書の消耗品扱について」『図書館雑誌』Vol.49,　No.10, 1955.10, p.14-15.
馬場俊明「自動貸出システムとプロフェッション」『図書館界』Vol.41, No.6, 1990.3, p.257.
――――「「公立図書館―無料貸本屋」論批判　公立図書館は出版文化

の発展を支えている」『出版ニュース』No.1911, 2001.8 中, p.6-10.
稗貫俊文「図書館法・博物館法」『文化・学術法』椎名慎太郎，稗貫俊文 ぎょうせい，1986，p.213-350.（現代行政法学全集；25）
ビジネス支援図書館推進協議会「ビジネス支援図書館サービス　全国アンケートの概要」2006.2.〈http://www.business-library.jp/activity/syousai/20061129-2.pdf〉（最終アクセス2007-10-1）
日信葉子「「専門」非常勤制度という矛盾の中で」『ず・ぼん』No.7, 2001.8, p.4-15.
日高昇治「指定管理者制度と PFI」『図書館雑誌』Vol.98, No.6, 2004.6, p.372-375.
平野勝重「公共図書館の社会教育的機能」『図書館雑誌』Vol.63, No.1, 1969.1a, p.7-9.
————「公共図書館の機能：主婦たちの読書をめぐって」『図書館界』Vol.21, No.1, 1969.5b, p.2-7.
昼間守仁「公共図書館の今日的再生」『自治体の先端行政』松下圭一編 学陽書房，1986a, p.39-68.
————「公共図書館を問いなおす　無料貸本屋をこえるとき」『地方自治通信』No.202, 1986.9b, p.16-20.
————「社会教育行政における公務の空洞性」『市民参加と自治体公務』田中義政編著，学陽書房，1988，p.189-209.
福井司郎「亡失について：book detection system を考える」『中京大学図書館学紀要』No.5, 1984.3, p.54-70.
藤井千年「BDS＝Book Detection System：尼崎市立中央図書館における事例」『図書館界』Vol.44, No.4, 1992.11, p.166-168.
藤原明彦「「自動貸出機」の波紋（こらむ図書館の自由）」『図書館雑誌』Vol.93, No.5, 1999.5, p.333.
細井孝雄「逐次刊行物業務のアウトソーシング」『現代の図書館』Vol.36, No.4, 1998.12, p.256-266.
細井正人「書評：竹内比呂也ほか『図書館はまちの真ん中』勁草書房，2007」『図書館界』Vol.59, No.2, 2007.7, p.107.
細川護熙・岩国哲人『鄙の論理』光文社，1991，239頁.
本多光明「公共図書館の情報化をすすめるために」『図書館雑誌』Vol.

93, No.2, 1999.2, p.121-123.
『本とコンピュータ』「図書館改造計画　第１号」Vol.2, No.4, 2002夏, p.107-122.
前川恒雄『移動図書館ひまわり号』筑摩書房, 1988, 218頁.
――――「図書館はなぜ無料か」『図書館界』Vol.42, No.4, 1990.11, p.258-259. ＊前川恒雄『前川恒雄著作集』第４巻　出版ニュース社, 1999に収録.
――――「公立図書館の職員」『図書館法を読む（補訂版）』森耕一編　日本図書館協会, 1995, p.126-139.
前川恒雄・石井敦『図書館の発見　新版』日本放送出版協会, 2006, 237頁.
前田章夫「公立図書館の新たな展開を求めて」『現代の図書館』Vol.30, No.2, 1992.6, p.144-149.
――――「大阪府立中央図書館における BDS の導入とその意義」『みんなの図書館』No.238, 1997.2, p.34-36.
――――「無料原則を考える：図書館法第17条と公立図書館」『図書館界』Vol.52, No.2, 2000.7, p.63-65.
――――「ビジネス情報のワンストップ窓口をめざして：大阪府立中之島図書館の取組み」『AVCC ライブラリーレポート 2006：ビジネス支援図書館の展開と課題　いま、ライブラリアンに求められているしごと力とは』高度映像情報センター, 2006, p.55-61.
前田秀樹「図書館サービスに「根幹」、「非根幹」はありうるか」『図書館雑誌』Vol.80, No.3, 1986.3, p.145-147.
――――「「市民図書館という理想のゆくえ」を読んで」『図書館雑誌』Vol.92, No.8, 1998.8, p.650-651.
町田市立図書館「NHK 番組「クローズアップ現代」への見解」『出版ニュース』No.1961, 2003.2上, p.10-16.
松井一郎「委託・非正規職員・ボランティア：「図書館員の専門性とは何か」を考える中で」『図書館界』Vol.45, No.1, 1993.5, p.170-176.
松尾昇治「貸出の本質と専門職性を考える」『現代の図書館』Vol.30, No2, 1992.6, p.137-143.
松岡要「貸本屋さんと交流会もつ：東京の図書館員」『みんなの図書館』

No.33, 1980, p.30.
――――「「図書館学」の生産性」『図書館評論』No.37, 1996.7, p.14-19.
――――「能勢仁氏の論文について　図書館の貸出増加は書籍販売を脅かすのか」『新文化』No.2355, 2000.5, p.5.
松田精一郎「『指定管理者制度』を図書館に導入しなかった理由」『みんなの図書館』No.349, 2006.5, p.11-14.
松野幸雄「町田市立中央図書館 BDS 経過報告」『みんなの図書館』No.238, 1997.2, p.32-33.
松本功「2003年 1 月27日の日誌」〈http://www.hituzi.co.jp/kotoba/20030127ns.html〉（最終アクセス2007-10-1）
松本賢治『学校図書館』金子書房，1948，209頁.
間宮不二雄「書庫公開ト自由書架接近」『図書館研究』No.8, 1935, p.145-503.
丸善「特集：ブックディテクション・システム」『丸善ライブラリーニュース』No.111, 1978 冬, p.1-6.
三浦逸雄「閲覧方式」『図書館情報学ハンドブック』図書館情報学ハンドブック編集委員会編　丸善，1988，p.720-722.
三田誠広「図書館が侵す作家の権利」『論座』No.91, 2002.12, p184-191.
――――『図書館への私の提言』勁草書房，2003，219頁.（図書館の現場；2）
――――「共同声明までの経緯と解説」『文藝著作権通信』No.6, 2005.11, p.3-4.〈http://www.bungeicenter.jp/NPO006.pdf〉（最終アクセス 2007-10-11）
薬袋秀樹「地方公社論III」『図書館雑誌』Vol.80, No.11, 1986.11, p.704-707.
――――「『市民の図書館』における「貸出し」の論理：「貸出冊数偏重政策」への批判をめぐって」『図書館界』Vol.40, No.6, 1989.3, p.264-279.
――――「公共図書館批判論の批判的検討」『現代の図書館』Vol.30, No.4, 1992.12, p.239-278.
――――「読書案内サービスの必要性：利用者の質問・相談・リクエストを受けとるために（前）」『図書館雑誌』Vol.88, No.6, 1994.6a, p.

401-405.
――――「読書案内サービスの必要性：利用者の質問・相談・リクエストを受けとるために（後）」『図書館雑誌』Vol.88, No.7, 1994.7b, p.477-482.
――――「図書館員の専門性の要件の批判的考察：「図書館員の専門性とは何か」の検討過程における問題点」『転換期における図書館の課題と歴史』石井敦先生古希記念論集刊行会編　緑蔭書房，1995a, p.85-97.
――――「日本図書館協会図書館員の問題調査研究委員会「図書館員の専門性とは何か（最終報告）」（1974）の批判的考察」『図書館学会年報』Vol.41, No.1, 1995.3b, p.1-16.
――――「貸出業務の専門性」『図書館雑誌』Vol.89, No.6, 1995.6c, p.465-468.
――――「読書案内サービスはなぜ必要か：貸出カウンター、委託、自治体行政とのかかわりをめぐって」『現代の図書館』Vol.34, No.1, 1996.3, p.32-39.
――――「日本における公共図書館学の実践的課題：戦後公立図書館界の問題点と改革の指針」『図書館情報学のアイデンティティ』日本図書館情報学会研究委員会編　日外アソシエーツ，1998，p.145-172.
――――「公立図書館における貸出カウンター業務の委託をどうとらえるか：直ちに読書案内・レファレンスサービス確立のための行動を」『図書館雑誌』Vol.97, No.3, 2003.3, p.150-153.
三宅太郎「地方公務員の職階制（１）」『自治研究』Vol.28, No.2, 1952.2a, p.53-66.
――――「地方公務員の職階制（２）」『自治研究』Vol.28, No.6, 1952.6b, p.29-42.
――――「地方公務員の職階制（３）」『自治研究』Vol.28, No.10, 1952.10c, p.29-46.
宮沢厚雄「図書館サービスの公共性と経済性：図書館法改正をめぐって」『桜花学園大学研究紀要』No.3, 2000, p.169-178.
――――「図書館経営と無料原則：とくにネットワーク情報源の扱いを

めぐって」『桜花学園大学研究紀要』No.4, 2001, p.211-221.
明定義人「「貸出」を考える」『図書館界』Vol.56, No.3, 2004.9, p.183-187.
『みんなの図書館』「非正規職員を考える(特集)」No.127, 1987.12, p.2-45.
――――「いま気になるアルファベット CD-ROM/BDS (特集)」No.238, 1997.2, p.1-54.
――――「特集 無料の原則と「電子化資料」の導入について」No.260, 1998.12.
――――「公共サービスとしての図書館サービスを考える：委託・PFIをめぐって (特集)」No.325, 2004.5, p.1-62.
『みんなの図書館』関西編集部「特集にあたって (BDS 編)」『みんなの図書館』No.238, 1997.2, p.31.
武者小路信和「イギリスにおける本の盗難、年間2億ポンド」『Biblio Kids』No.1, 1993. <http://www1.parkcity.ne.jp/bibkid/bibkid1.html> (最終アクセス2006-10-24)
室伏武「司書職論に関する序説」『図書館学会年報』Vol.12, No.1, 1965.8, p.22-35.
目黒区職員労働組合教育分会「目黒区図書館の未来のために：「新しい管理運営体制等」分会対置案」『ず・ぼん』No.9, 2004.4, p.52-58.
森耕一『図書館の話』至誠堂, 1966, 334頁. (至誠堂新書)
――――「オンライン検索の料金の問題：IFLA Guidelines から」『図書館界』Vol.37, No.6, 1986.3, p.293-295.
――――「公立図書館の無料制 (上)：日本の場合 (コンメンタール図書館法10)」『図書館雑誌』Vol.84, No.4, 1990.4, p.203-206. (森耕一編『図書館法を読む』日本図書館協会, 1990および, 同編『図書館法を読む 補訂版』日本図書館協会, 1995に収録)
森耕一ほか「保存と利用」『公立図書館原論』森耕一・川崎良孝 全国学校図書館協議会, 1983, p.103-105.
森田利春「日本の図書館の大発展のために：図書館法第17条改正の提案」『図書館雑誌』Vol.67, No.12, 1973.12, p.534-535.
守屋壮平「図書の消耗品扱いにことよせて」『図書館雑誌』Vol.49, No.

10, 1955.10, p.16-19.
諸橋孝一『図書館で考える道徳：書き込み被害をめぐって』鳥影社，2001，322頁．
文部省社会教育局『公共図書館調査』，1951，115頁．(引用は p.70.)
文部省生涯学習局学習情報課「公立図書館の新しい情報サービスについて（調査結果）」『図書館雑誌』Vol.93, No.2, 1999.2, p.130-135.
文部省地域電子図書館構想検討協力者会議『2005年の図書館像：地域電子図書館の実現に向けて（報告）』文部省，2000．〈http://www.mext.go.jp/b_menu/houdou/12/12/001260.htm〉（最終アクセス 2006-08-31）
薬師院はるみ「司書をめぐる専門職論の再検討（１）」『図書館界』Vol.52, No.4, 2000.11, p.190-202.
――――「司書をめぐる専門職論の再検討（２）」『図書館界』Vol.52, No.5, 2001.1, p.250-264.
――――「図書館の運営と司書職の統制」『現代の図書館』Vol.43, No.2, 2005.6, p.67-74.
安井一徳『図書館は本をどう選ぶか』勁草書房，2006，164頁．（図書館の現場；５）
山口源治郎「図書館法第17条（無料制）の意義と解釈：図書館専門委員会報告批判」『図書館界』Vol.51, No.4, 1999.11, p.231-238.
――――「図書館と法」『図書館界』Vol.53, No.3, 2001.9, p.183-190.
――――「現代の委託（アウトソーシング）問題の特徴と図書館の公共性」『図書館界』Vol.55, No.2, 2003.7, p.63-66.
――――「公立図書館の法的環境の変化と図書館の未来」『図書館雑誌』Vol.99, No.4, 2005.4, p.224-227.
――――「多様化する図書館経営」『図書館界』Vol.58, No.2, 2006.7, p.59-61.
山重壮一「公共図書館で電子メディアの無料提供をどうすすめるか」『図書館雑誌』Vol.93, No.3, 1999.3, p.216-217.
――――「図書館はなぜ無料なのか」『月刊社会教育』Vol.45, No.10, 2001.10, p.26-32.
――――「図書館は委託で発展するのか」『みんなの図書館』No.325,

2004.5, p.16-29.
山田礼子「アメリカにおけるプロフェッションの概念とプロフェッショナル教育の実際」『生涯学習研究年報』No.6, 1999, p.61-74.
山本昭和「公共図書館の役割と出版文化の発展」『図書館雑誌』Vol.95, No.6, 2001.6a, p.412-413.
———「公共図書館貸出理論の現代的課題」『いま、市民の図書館は何をすべきか』前川恒雄先生古稀記念論集刊行会編　出版ニュース社, 2001b, p.262-276.
———「複本購入の問題に関する総合的研究」『図書館界』Vol.54, No.1, 2002.5, p.2-9.
山本宏義「公共図書館における「図書自動貸出装置」の導入状況」『みんなの図書館』No.290, 2001.6, p.56-66.（公共図書館13館へのアンケート）
———「日本図書館協会こそ指定管理者に！：公立図書館の管理について考える」『図書館雑誌』Vol.98, No.6, 2004.6, p.390-391.
———「公立図書館への指定管理者制度導入・最近の展開」『図書館雑誌』Vol.100, No.8, 2006.8, p.486-488.
彌吉光長「TRC 設立と日本図書館協会」『ほんわかだより』No.41, 1990.2, p.8-11.
由井雅彦「24時間図書館：長野県川上村文化センター図書館の試み」『Lisn（リスン）：Library & Information Science News』No.86, 1996.3, p.11-14.
横山桂「図書館職員論」『図書館界』Vol.42, No.5, 1991.1, p.296-305.
吉田育代・高山正也・石井昭「図書館における指定管理者制度：集客力と媒体力を生かした地域再生」『地方行政』No.9772, 2006.1, p.2-6.
『読売新聞』「図書館の蔵書／モラルの低下で,「盗難」相次ぐ／危機感持ち防止策を」2003.11.30
鷲巣力『自動販売機の文化史』集英社, 2003, 253頁.（集英社新書）
渡邊三好「蔵書紛失の背景にあるもの（論壇）」『朝日新聞』1996.8.29
———「公立図書館と BDS：OA 化で問われる主体性」『みんなの図書館』No.238, 1997.2, p.48-54.

公共図書館の論点整理　図書館の現場⑦

2008年2月20日　第1版第1刷発行
2009年4月25日　第1版第2刷発行

編者　田村俊作
　　　小川俊彦

発行者　井村寿人

発行所　株式会社　勁《けい》草《そう》書房

112-0005 東京都文京区水道2-1-1 振替 00150-2-175253
（編集）電話 03-3815-5277／FAX 03-3814-6968
（営業）電話 03-3814-6861／FAX 03-3814-6854
三協美術印刷・鈴木製本

©TAMURA Shunsaku, OGAWA Toshihiko 2008

ISBN978-4-326-09833-0　Printed in Japan

JCLS ＜㈱日本著作出版権管理システム委託出版物＞
本書の無断複写は著作権法上での例外を除き禁じられています。
複写される場合は、そのつど事前に㈱日本著作出版権管理システム（電話 03-3817-5670、FAX03-3815-8199）の許諾を得てください。

＊落丁本・乱丁本はお取替いたします。

http://www.keisoshobo.co.jp

常世田　良	浦安図書館にできること	四六判	二七三〇円
三田　誠広	図書館への私の提言	四六判	二六二五円
根本　彰	続・情報基盤としての図書館	四六判	二五二〇円
杉岡　和弘	子ども図書館をつくる	四六判	二五二〇円
安井　一徳	図書館は本をどう選ぶか	四六判	二二〇五円
竹内比呂也ほか	図書館はまちの真ん中	四六判	二二〇五円
柳　与志夫	知識の経営と図書館	四六判	二五二〇円
根本　彰	情報基盤としての図書館	四六判	二九四〇円
津田　良成編	図書館・情報学概論　第二版	A5判	二九四〇円
三田図書館・情報学会編	図書館・情報学研究入門	A5判	二八三五円
逸村　裕・竹内比呂也編	変わりゆく大学図書館	A5判	三〇四五円
谷口　祥一・緑川　信之	知識資源のメタデータ	A5判	二九四〇円
倉田　敬子	学術情報流通とオープンアクセス	A5判	二七三〇円

＊表示価格は二〇〇九年四月現在。消費税は含まれております。